Michael Horowitz
Peter Sengl

Legenden
Menschen, die Österreich bewegten

MICHAEL HOROWITZ PETER SENGL

LEGENDEN

Menschen, die Österreich bewegten

ueberreuter

Danke, dass Sie sich für unser Buch entschieden haben. Wir freuen uns, wenn wir Sie auch weiterhin über unsere Neuerscheinungen informieren dürfen, und laden Sie ein, unseren Newsletter unter www.ueberreuter.at zu abonnieren.

MIX
Aus verantwortungsvollen Quellen
FSC® C014138

Product footprint
CO_2 Neutral
PBN-CFMCP-015258

1 Auflage 2022

ISBN 978-3-8000-7820-2

Covergestaltung & Grafik: Saskia Beck, s-stern.com
Bilder: Peter Sengl
Druck und Bindung: Finidr Ltd., Ceský Tesin

www.ueberreuter.at

INHALTSVERZEICHNIS

VORWORT

Sengl, Sonnenkönig & starke Frauen

Es sind außergewöhnliche Menschen.

Persönlichkeiten, die fern des Mittelmaßes aus der Masse herausragen. Menschen, die ständig in der Öffentlichkeit präsent sind. Die meisten von ihnen führen ein Leben auf der Überholspur. Diese großen Österreicherinnen und Österreicher sorgen durch ihre Begabungen und ihre Leistungen, durch ihre Ideen und ihre Kreativität über die Grenzen Österreichs hinaus für Furore.

Dieses Buch begibt sich auf eine Zeitreise. Auf die Spuren von 50 Menschen, die während der letzten 50 Jahre das Land prägten. Ich habe versucht, Lebenslinien von starken Frauen und Männern – natürlich eine subjektive Auswahl – zu beschreiben, die diesen außergewöhnlichen Persönlichkeiten gerecht werden. Ich glaube, man kann diese Figuren der jüngeren österreichischen Zeitgeschichte durchaus als Legenden bezeichnen. Das Leben von 50 schillernden Menschen, die als Idole, Kultfiguren, manchmal auch Vorbilder gelten, dokumentiert dieses Buch in Kurzporträts. Einige Beispiele:

Filmikone. Die zwei Gesichter einer rätselhaften Frau. Romy Schneider wird vom frühen Kaiserin-Kitsch-Klischee fast erdrückt. Später kürt man sie in Frankreich zur größten Schauspielerin des 20. Jahrhunderts. Schicksalsschläge dominieren das Privatleben. Ihr Lächeln, ihre geheimnisvollen Blicke bleiben unvergessen.

Sonnenkönig. Ein sozialistischer Großbürger, der wie ein Monarch regiert. Er ist schlau, schlagfertig, aber auch demagogisch. Er wird verehrt und angefeindet: Bruno Kreisky – ein wortgewaltiger, widersprüchlicher Volkstribun, der dreizehn Jahre lang eine politische Ära prägt.

Fanatiker. Die Formel 1 reicht ihm nicht. Disziplin, Ehrgeiz, Furchtlosigkeit und auch Zynismus bestimmen sein Leben. Sentimentalität ist Niki Lauda fremd. Auch nach seinem Formel-1-Feuerinferno und dem Absturz der Lauda-Air-Boeing 767 gibt der ewige Kämpfer, Unternehmer und dreifache Weltmeister nicht auf.

Hemmungsloser Verführer. Ein Pop-Idol, das rund 100 Millionen Tonträger verkauft, mehr als 1000 Songs schreibt und in acht Sprachen singt. Trotz kritischer Texte reißt Udo Jürgens seine Fans zu Jubelstürmen hin. Am Ende der Konzerte lässt er sich im Bademantel feiern. Ein wildes Leben lang dreht sich der Entertainer im Hamsterrad des Erfolgs. Ständig am Limit.

Starke Frau. Senta Berger, die es von der scheuen „Sophia Loren des Gemeindebaus" aus Wien-Hietzing zur Hollywood-Diva schafft. Sie zeigt nicht nur in ihren Rollen als Film- und Fernsehstar Hal-tung – schon lange vor der #MeToo-Bewegung prangert sie sexuelle Übergriffe von Filmpartnern an.

Provokanter Pop-Poet. Er erobert mit verkokster Exaltiertheit und grenzenlosem Größenwahn Platz 1 der US-Charts. Wienerische Lässigkeit lässt ihn zum Weltstar werden: Seine selbst erfundene Kunstfigur Falco vereinnahmt den privat scheuen Hans Hölzel und treibt ihn in einen Konflikt zweier Identitäten.

Gebrochener Gigant aus Gumpendorf. Oskar Werner, der Wiener „James Dean des Theaters", feiert auch in Hollywood Triumphe. Das legendäre Timbre eines Verführers, Anmut, Feuer, Pathos und Würde, die magische Bühnenpräsenz des tieftraurigen Theatergiganten sind zu früh Vergangenheit.

Kirchenkönig. Ein Freund der Menschen. Eine einzigartige Persönlichkeit. Eine moralische Instanz im Österreich des 20. Jahrhunderts. Eine Autorität und Integrationsfigur des Landes. Ein Brückenbauer, der sich bis ins hohe Alter für humane Asylpolitik einsetzt: der weltoffene, dialogbereite Kardinal Franz König.

Spaßmacher mit Tiefgang. Der „Menschenfresser" braucht sein Publikum wie andere Luft zum Atmen: Otto Schenk. Als Regisseur und berührender Menschendarsteller schreibt er Theatergeschichte. Und kein anderer inszeniert an der New Yorker Metropolitan Opera öfter als er. Der große Unterhalter Österreichs ist privat ein melancholischer Phlegmatiker, ein Misanthrop.

Magier der Musik. Er verführt sein Publikum, weiß das und genießt die Ovationen. Klassikliebhaber geben sich seiner Aura hin. Und erleben Sternstunden der Musik. Herbert von Karajan – Mediengenie, Millionenjongleur und erster Pop-Star der Klassik. Sein kometenhafter Aufstieg ist von der Nähe zum Nationalsozialismus überschattet.

Liebling und Geißel Wiens. Helmut Qualtinger, der sensible Koloss. Der Kabarettist, Satiriker, Schauspieler und Schöpfer des legendären „Herrn Karl" hat den Mut, immer zu sagen, was er denkt. Und legt wie mit dem Seziermesser die Seele des ewigen Spießers bloß.

König des Selbstvertrauens. Er ist ein Monument des amerikanischen Traums. Hunger nach Erfolg als Treibstoff für eine der schillerndsten Persönlichkeiten der Welt. Arnold Schwarzenegger schafft eine einzigartige Karriere: vom steirischen Bodybuilder und Actionfilm-Star zum Gouverneur von Kalifornien.

Ich freue mich besonders, dass der Künstler Peter Sengl für dieses Buch zu jedem Kapitel ein opulentes Bild geschaffen hat. Für Gerhard Roth, den Schöpfer monumentaler Romane, sind Sengls Bilder „Halluzinationen eines Gedankenlesers", er lässt „mit scharfem Blick und Zauberblitzlicht seine Innenwelt und auch die seiner Porträtierten, als Dekoration getarnt, sichtbar werden. Daraus entsteht Poesie, wie sie sich in Wolken, Blitz, Donner, Regentropfen oder Schneekristallen entwickelt." Bereits vor mehr als vier Jahrzehnten erkennt der Kunstkritiker und Museumsdirektor Peter Baum in den Bildern des Peter Sengl ein „Arsenal genau beobachteter menschlicher Sehnsüchte, Verhaltensweisen, Wünsche, Hoffnungen und Klischees". Dank Peter Sengls fantasievollen Illustrationen von 50 Legenden, die fern des Mittelmaßes aus der Masse herausragen, ist dieses Buch auch zu einem optisch opulenten Kompendium geworden.

Michael Horowitz
August 2022

R. SCHNEIDER DOUBLE FEATURE 2020
P. S. Wien N. 7. 32
P. Sengl 2020.
P. SENGL 20

Die zwei Gesichter einer rätselhaften Frau

Das Kaiserin-Kitsch-Klischee erdrückt sie fast. In Frankreich gilt **Romy Schneider** später als größte Schauspielerin des 20. Jahrhunderts. Schicksalsschläge dominieren das Privatleben. Ihr Lächeln, ihre geheimnisvollen Blicke bleiben unvergessen.

Wundervolle Ruhe, nur durch das Gezwitscher einiger Waldvögel unterbrochen. Sissi und Franz Joseph kommen wie zwei einfache Menschenkinder durch den Wald. Sissi, versonnen lächelnd: „Wenn du einmal im Leben Kummer haben solltest, dann geh' wie jetzt mit offenen Augen durch den Wald – in jedem Baum und in jeder Blume wird dir die Allmacht Gottes Trost und Kraft spenden!" Zitat aus dem 55. Bild„„Sissi"-Skript des Jahres 1955.

Romy Schneider lockt als liebliches „süßes Mädel" Millionen ins Kino. Bereits mit 17 wird sie von der Kaiserkrone fast erdrückt. Das „Sissi"-Image ist übermächtig. Bis zu ihrem frühen Tod. Das Kitsch-Klischee der Kaiserin mit dem unschuldigen Lächeln beherrscht das deutschsprachige Nachkriegskino. Und noch heute beschert Ernst Marischkas „Sissi"-Trilogie TV-Sendern Traumquoten. Für einen vierten Teil wird Romy die damals unfassbar hohe Gage von einer Million D-Mark angeboten. Sie lehnt ab.

Lieber verstört sie das Publikum mit Filmen wie „Mädchen in Uniform", dem ersten deutschen Streifen, der lesbische Liebe thematisiert: die Zuneigung der Klosterschülerin zu ihrer Lehrerin Fräulein von Bernburg, gespielt von Lilli Palmer. An der Wand des Schlafsaals der Mädchen ein Bismarck-Zitat in Runenschrift: „Der Mensch ist nicht auf der Welt, um glücklich zu sein, sondern um seine Pflicht zu tun."

Bereits zwei Jahre vor dem ersten „Sissi"-Film spielt die als Rosemarie Magdalena Albach geborene 15-Jährige an der Seite ihrer „Eislaufmutter" Magda Schneider im Heimatfilm „Wenn der weiße Flieder wieder blüht" das Evchen. Ohne jemals Schauspielunterricht genommen zu haben. Romys Mutter arrangiert sich schon als junge Soubrette mit den Nazi-Bonzen: „Hitler sitzt in jeder Premiere in der ersten Reihe, klatschte die Pausen durch und schickte ihr am Schluss der Vorstellung Blumen an die Garderobe", schreibt Magda Schneiders Schwiegermutter Rosa Albach-Retty im Buch „So kurz sind hundert Jahre". Und berichtet: „Als sie mit meinem Sohn Wolf zu einem Empfang in die Berliner Reichskanzlei geladen war, erinnerte er sie an diese Zeit. ‚Ja, Magda Schneider', sagte Hitler, ‚ich hoffe, Sie wissen, dass ich damals nur Ihretwegen ins Theater gegangen bin.'"

Romy betont später, wie sehr sie die Nähe ihrer Mutter zu den NS-Bonzen beschämte. Immer wieder spielt sie voller Verve in Filmen, in denen die Nazi-Gräuel thematisiert werden. Auch 1982, In ihrem 60. Jahr, ihrem Todesjahr, in ihrem letzten Film „Die Spaziergängerin von Sans-Souci".

„Ich bin eine unglückliche Frau von 42 Jahren und heiße Romy Schneider", sagt sie knapp vor ihrem Ende. Bereits als 27-Jährige bekennt sie in einem Interview: „Mein Leben ist die Hölle … die Angst ist immer da … sie hat immer die Hand auf meiner Schulter … ich werde sie nie los."

Seit Marlene Dietrich flüchtete keine Diva aus dem Land ihrer ersten Triumphe. 1958 erfindet sich das nach Paris geflohene scheue „süße Mädel" aus Wien neu. Die Reifeprüfung beginnt: Romy lernt die Sprache, senkt ihre Stimme, schminkt sich die Augen schwarz, trägt Chanel-Kostüme. Langsam gewinnt sie an Selbstvertrauen. In ihrem Tagebuch schreibt sie: „Wenn ich auch 'ne alte, sentimentale Wienerin bin, genauso bin ich 'ne alte sentimentale Pariserin! C´est la même chose – das ist dasselbe!"

Die ehemalige Sissi umgibt sich bald mit der Aura erotischer Libertinage. Ihre Ausstrahlung ist nicht lüstern, sondern lasziv. Mit ihrem geheimnisvollen Lächeln, ihren fordernden Blicken verführt *la Schneider*, wie die Franzosen sie nennen, Stars wie Jean-Claude Brialy und Alain Delon, Marcello Mastroianni und Michel Piccoli. Oder Ugo Tognazzi in „La Califfa": Als Arbeiterführerin zwingt sie den Fabrikbesitzer zur Liebe – im ersten Film, in dem man sie nackt sieht.

Von Meisterregisseuren wie Claude Sautet und Luchino Visconti lässt sie sich bedingungslos formen. 1999 kürt sie die Zeitung *Le Parisien* zur größten Schauspielerin des 20. Jahrhunderts. Eine Umfrage ergibt, sie sei nicht so intellektuell wie die Moreau und nicht so kühl wie die Deneuve. Sie habe, was die Franzosen lieben: Emotion. Jean Cocteau porträtiert sie und schreibt darunter: „Frankreich befiehlt Dir, gesund zu bleiben!" Auch Filmtitan Orson Welles ist beeindruckt, sie ist für ihn „die beste Schauspielerin ihrer Generation". Viele Romy-Biografien sind erschienen. Zuletzt von ihrer Tochter Sarah aus der Ehe mit dem ehemaligen, elf Jahre jüngeren Privatsekretär Daniel Biasini. Sie ist vier Jahre alt, als Romy stirbt. Und kann daher nicht wirklich viel erzählen. Außer, dass ihre Mutter Kartoffelsalat und Südfrankreich liebte.

–

„Ich kann
nichts im Leben, aber alles
auf der Leinwand."

–

Die exzessive Liebesbeziehung zum französischen *enfant terrible* Alain Delon –in Wien würde man ihn als Hallodri bezeichnen – wird zu einem der Dramen in Romys Leben: Nach fünf Jahren beendet er lapidar die Beziehung. Mit wenigen Worten auf einem Zettel. In einem *Stern*-Interview sagt Delon: „Sie hat mich mit ihrer Reinheit erobert …, die mich nach und nach aus der Fassung gebracht hat." Von der parallelen Liebesbeziehung mit seiner späteren Frau Nathalie erfährt Romy Schneider aus der Boulevardpresse. Nach einem missglückten Suizidversuch folgt eine längere Auszeit.

1979 erhängt sich ihr erster Mann, der Regisseur Harry Meyen. Die Ehe hat längst Strindberg-

Züge angenommen. Alkohol, Depressionsschübe und Medikamentenmissbrauch dominieren das Leben der in ihren Gefühlen Gefangenen. Marilyn Monroe nicht unähnlich. 1981 wird Romy Schneider wegen eines Tumors die rechte Niere entfernt. Wenige Wochen danach folgt der schlimmste Schicksalsschlag im ihrem Leben: Beim Versuch, über einen Zaun zu klettern, wird ihr Sohn David im Fallen von einer Metallspitze des Zauns aufgespießt und verletzt sich tödlich.

Schneider kauft ein Landhaus in Boissy-sans-Avoir westlich von Paris. Hier will sie sich um ihre „Tochter kümmern, Marmelade einkochen, das Leben wieder zurückholen". Doch dazu kommt es nicht: Am frühen Morgen des 29. Mai 1982 findet sie ihr letzter Lebensgefährte Laurent Pétin am Schreibtisch der Pariser Wohnung. Neben leeren Rotweinflaschen und einem übervollen Aschenbecher zusammengesunken. Herzversagen. Kurz danach weiß die Welt: Romy Schneider ist am Leben zerbrochen. Durch den Tod im Alter von 42 Jahren wird sie zur Legende. Jahrelang ist von Selbstmord die Rede. Die genaue Todesursache bleibt weiterhin ungeklärt. Denn Staatsanwalt Laurent Davenas entscheidet damals, Romy solle „ihre letzte Reise nicht in ein gerichtsmedizinisches Institut antreten".

LEBENSLINIEN ROMY SCHNEIDER

- 1938 *Geburt.* 23. September in Wien.
- 1953 *Erster Film.* „Wenn der weiße Flieder wieder blüht".
- 1955 *Durchbruch.* Start der „Sissi"-Trilogie.
- 1969 *Erster großer Kinoerfolg.* „Der Swimmingpool" mit Alain Delon.
- 1982 *Letzter Film.* „Die Spaziergängerin von Sans-Souci".
- 1982 *Tod.* 29. Mai in Paris.

NIKI LAUDA FLIEGT
ALLEN DAVON 2020
P.S. Wien N.7.32
P. Sengl 2020

Ein Fanatiker, dem die Formel 1 nicht reicht

Disziplin, Ehrgeiz, Furchtlosigkeit und auch Zynismus bestimmen sein Leben. Sentimentalität ist **Niki Lauda** fremd. Auch nach seinem Feuerinferno und dem Absturz der Lauda-Air-Boeing 767 gibt der ewige Kämpfer, Unternehmer und dreifache Weltmeister nicht auf.

Ein Sommer, der nicht enden will. Mit einer der extremsten Hitzewellen des vergangenen Jahrhunderts. 1. August 1976: In der *grünen Hölle* der Nürburgring-Rennstrecke mit 174 Kurven und Steigungen bis zu 17 Prozent – „schwer zu fahren und leicht zu sterben" (Jochen Rindt). Bei Tempo 220 bricht in der zweiten Runde auf der Nordschleife das Heck des Ferrari 312T2 aus, schlittert durch die Fangzäune, prellt gegen eine Felswand und wird wieder zurück auf die Strecke geschleudert. Eine Seite brennt bereits, als Brett Lunger nicht mehr ausweichen kann und in das Wrack kracht. Knapp 200 Liter Benzin entfachen ein Feuerinferno. Ein achtjähriger Bub bannt es auf einen Super-8-Film.

800 Grad Hitze umschließen Niki Lauda. 55 unendliche Sekunden lang. Die Dämpfe verätzen seine Lunge. Der Bolide beginnt zu schmelzen. „Niki schrie, hatte offensichtlich wahnsinnige Schmerzen", erinnert sich Arturo Merzario, einer der Ersthelfer. Der frühere Ferrari-Fahrer weiß, wie man den 6-Punkt-Gurt öffnen muss, „Gott sei Dank verlor er schließlich das Bewusstsein, das klemmende Drehschloss konnte ich erst öffnen, als er in sich zusammensackte." Später sagt Lauda, alles woran er sich aus der Nürburg-Hölle noch erinnern kann, seien das Rattern der Rotorblätter und der Wunsch, sanft einzuschlafen. Im Spital fällt er ins Koma und erhält bereits die Letzte Ölung.

Niki Lauda überlebt. Nur 42 Tage später zwängt er sich wieder in seinen Rennwagen, das Gesicht entstellt, der Kopf blutig, durch die Brandverletzungen an den Augenlidern ist die Sicht stark eingeschränkt. Lauda überwindet seine Angst – „ich habe beinahe in die Hose geschissen" – und riskiert beim „Heimspiel" seines Ferrari-Rennstalls das mutigste Comeback, das je ein Sportler gewagt hat. Er beendet in Monza vor Tausenden frenetisch jubelnden Tifosi das Rennen als Vierter. Zahlreiche extrem schmerzhafte Operationen und Transplantationen folgen.

Rückblickend spricht der für seinen trockenen Humor bekannte Lauda in einem *FAZ*-Interview von seinem „Barbecue". Als der Tod an den Formel-1-Rennstrecken omnipräsent ist: „Wir waren getrieben von diesem Wahnsinn. Beinahe in jedem Jahr ist einer von uns gestorben. Nie war klar, ob ich oder ein anderer Pilot aus den Höllenmaschinen lebend herauskommen würde. Die Frauen hatten immer schon ein schwarzes Kleid mit an der Strecke – man wusste ja nie …"

Beim Großen Preis von Japan in Fuji stellt Niki Lauda bei strömendem Regen nach wenigen Metern überraschend seinen Ferrari ab: „Egal, was die Welt von mir denkt, ich bin kein Selbstmörder." James Hunt wird Weltmeister. Mit nur einem Punkt Vorsprung.

1979 wird das Luftfahrt-Business seine neue Leidenschaft. Er gründet seine eigene Fluggesellschaft, die Lauda Air. Der Beginn ist schwierig: Mit zwei gebrauchten Fokker-F-27-Propellermaschinen versucht er, Austrian Airlines Marktanteile abzuringen. Er fliegt zweimal pro Woche selbst, um zu sehen, ob an Bord alles nach seinen Vorstellungen funktioniert.

Der begeisterte Pilot kehrt 1982 in den Formel-1-Zirkus zurück. Zwei Jahre später sichert er sich seinen dritten WM-Titel – mit einem halben Punkt Vorsprung vor seinem McLaren-Teamkollegen Alain Prost.

Nach dem Feuerinferno vom Nürburgring folgt im Mai 1991 eine weitere grauenhafte Tragik in seinem Leben: Aus 7500 Metern stürzt im Westen Thailands der Lauda-Air-Flug 004 ab. Alle 213 Passagiere und die zehn Crew-Mitglieder in der Boeing 767 kommen ums Leben. Der Schock prägt Lauda stärker als sein eigener Unfall – wie er später oft betont. Er stellt sich sofort den Medien, den Schreckensbildern vor Ort und lässt bei der Frage nach der Absturzursache nicht locker. Schließlich ist erwiesen, dass ein Boeing-Konstruktionsfehler die Katastrophe ausgelöst hatte.

Mit zusätzlich verdienten Millionen wagt er später einen weiteren Versuch als Unternehmer und gründet unerschrocken die nächste Fluglinie – Flyniki. Mit dem Fokus auf Flügen in Urlaubsdestinationen. Und einem Service, den fernreisende Urlauber bis dahin nicht gewohnt sind. Bis Ende 2011 bleibt er an der Fluglinie beteiligt, bevor er sie an Ryanair abgibt.

Disziplin und Furchtlosigkeit, Ehrgeiz und Ehrlichkeit bestimmen das Leben des kühlen Analytikers. Besonnen versucht der ewige Kämpfer alle Probleme logisch zu lösen, hasst Kompromisse und schafft es, aus sich eine einzigartige und unverwechselbare Marke zu kreieren. Er steht mehr als vier Jahrzehnte im Rampenlicht – seine Persönlichkeit strahlt über die Grenzen des Formel-1-Wahnsinns hinaus – und bekennt: „Es gibt für mich wichtigere Dinge, als mit den Auto im Kreis zu fahren." Nach seinem Ausstieg wird er Berater bei Ferrari, später Rennleiter von Jaguar und ab 2012 Aufsichtsratschef und Mitbesitzer des seit damals erfolgreichen Mercedes-Teams.

–

„Das Unmögliche zu schaffen, das ist, was mich am meisten reizt."

–

Der unregelmäßige Besucher mehrerer Gymnasien fälscht sein Matura-Zeugnis, um den Großvater – resoluter Präsident der Industriellenvereinigung – zu beruhigen. Doch die Leidenschaft für das Rennfahren wird nicht goutiert. Nikolaus bricht mit seiner Familie, für ein Cockpit bei March-Ford organisiert er sich 1972 bei Raiffeisen einen Zwei-Millionen-Schilling-Kredit. Er bürgt mit seiner Lebensversicherung und bezahlt das Darlehen brav zurück – auch als er schon Formel-1-Champion ist.

Von seinem üppigen Taschengeld kauft sich Andreas Nikolaus Lauda als Teenager – ohne einen Führerschein zu besitzen – sein erstes Auto. In einem VW, Baujahr 1949, gewinnt er die ersten „Hatzerln“ am Wiener Gürtel. Bereits als 19-Jähriger schafft er 1968 in einem Mini Cooper S 1300 bei seinem ersten richtigen Wettbewerb, einem Bergrennen in Bad Mühllacken, den zweiten Platz. Nach mehreren spektakulären Unfällen in der Wahnsinnsformel 3 gewinnt er in einem Ferrari den ersten Formel-1-Weltmeistertitel.

Viele Jahre nach der Katastrophe am Nürburgring reist Lauda an die Unfallstelle, um von einem US-Fernsehsender interviewt zu werden: „Die hatten geglaubt, ui, der wird fürchterlich weinen“, aber er habe vom Frühstücksbuffet ein Kipferl mitgenommen und in die Wiese gelegt. Auf die Frage der Journalistin: „Mister Lauda, how is it to be here?“ sagt er: „Just a moment” und geht ein paar Schritte ins Gras. Auf die Frage „What are you doing?“ sagt der lebenslange Zyniker Lauda: „Oh look, here’s my ear …”

LEBENSLINIEN NIKI LAUDA

- 1949 *Geburt.* 22. Februar in Wien.
- 1975 *Weltmeister* als erster Ferrari-Pilot seit 1964.
- 1976 *Unfalldrama* auf dem Nürburgring.
- 1979 *Gründung* der Lauda Air.
- 1984 *Gewinn* der dritten Formel-1-Weltmeisterschaft.
- 2019 *Tod.* 20. Mai in Zürich.

FALCO SUCHT MIT SEINEM
KOMMISSAR MOZART AUF
DER TITANIC 2021
P.S. Wien
P. Sengl 21

Mit wienerischer Lässigkeit zum Weltstar

Ein provokanter Pop-Poet erobert Platz 1 der US-Charts. Mit verkokster Exaltiertheit und grenzenlosem Größenwahn als Markenzeichen. Seine selbst erfundene Kunstfigur **Falco** vereinnahmt Hans Hölzel und treibt ihn in einen Konflikt zweier Identitäten.

Saumaisen bei der „Graselwirtin". Im Waldviertel. Im Rückzugsort des einzigen österreichischen Pop-Weltstars. Hierher flieht Falco vor dem Ruhm, der ihm zu viel wird, vor dem eigenen langen Schatten, der ihn erdrückt. Im kalifornischen Pacific Palisades, dem früheren Exil von Dichtern wie Bert Brecht und Thomas Mann, hätte er eine Villa beziehen wollen. Kurz vor der Vertragsunterzeichnung winkt er ab: „Die Amis ham' kan Schmäh, das halt ich nicht aus." Statt Los Angeles wird Gars am Kamp – wo er Geborgenheit sucht und von den Schulterklopfern in Ruhe gelassen werden will – das Ziel des provokanten Pop-Poeten Hans Hölzel.

Der Elektriker Helmut Ranftl ist Falcos „Haus- und Hofmeister": „Der Hans war von Beginn an ein verlässlicher Freund. Ich hab ihm eine Alarmanlage in seine Villa eingebaut. Er war selig, am Kamp joggen zu können, ohne angepöbelt zu werden. Beim Dungl hat's ja früher viele Exzesse gegeben, wenn er sich's mit Vollgas gegeben hat. Aufgestanden ist er immer erst am Nachmittag und dann pudelnackt durch die Villa spaziert. Da hat die Sibylle, meine Frau, schön geschaut … "
Die Jugendstilvilla, die wirkt, als würde der Hausherr gleich vom Joggen zurückkommen, ist noch heute picobello in Schuss. „Er war ein sehr ordentlicher Mensch", erinnert sich Falcos Entdecker, Musikproduzent Markus Spiegel, „er war exzessiv, aber ordentlich. Man könnte auch sagen, er war ordentlich exzessiv."

In Gars ist man irritiert, wenn der Wahl-Waldviertler sich wieder einmal als Kunstfigur Falco gibt und ansatzlos Sätze wie „Die Realität ist eine Halluzination, welche durch Abwesenheit von Alkohol entsteht" skandiert. Doch meist kurvt er still auf seiner Vespa herum. Und es gefällt den Garsern, dass er seiner Mama Maria im ersten Stock der Villa ein eigenes Zimmer einrichtet. Noch heute hängen im Küchenregal zwei Kaffeehäferln nebeneinander. Beschriftet mit den Namen Hansi und Maria.

Johann *Hans* Hölzel kommt als einzig Überlebender von Drillingen zur Welt. Er wächst in einer Substandard-Wohnung mit Klo und Wasser am Gang in Wien-Margareten, in der Ziegelofengasse 37, auf. Und er wird nie vergessen, wo er herkommt. Die Mama, mit der er bis zum frühen Ende zusammenlebt, führt im Nebenhaus ein Milchgeschäft. Der Bub lernt Schlager, die er im Radio hört, auswendig, zum vierten Geburtstag bekommt er einen Stutzflügel. Ein Jahr später wird Hans beim Vorspielen an der Musikakademie ein absolutes Gehör bescheinigt. Die Piaristen-Privatschule und das Rainer-Gymnasium sind nicht seine Welt, die Fehlstunden bald nicht mehr zu beziffern.

–

„Ich lebe nur einmal. Und so wie ich lebe, ist einmal auch genug."

–

Auf Drängen der Mutter wird er Lehrling bei der Pensionsversicherungsanstalt. Für kurze Zeit. Hans tritt als Straßenmusiker in Mödling auf und gründet die Band *Umspannwerk*. In der *Hallucination Company* steht er bald neben Kultmusikern wie Hansi Lang auf der Bühne. 1978 landet er in der anarchischen Skandalband *Drahdiwaberl.*

Der Bassist Hölzel mit chaotischem Privatleben entwickelt sich bald zu einer schrillen Erscheinung mit eigener Kunstsprache und großen Gesten, die Sonnenbrille wird auch nachts kaum abgenommen – seine verkokste Exaltiertheit wird zum Markenzeichen. Falco ist geboren. Bald trägt er Versace-Hemden und Helmut-Lang-Anzüge. Der Konflikt zweier Identitäten ist virulent: Die selbst geschaffene Kunstfigur Falco zelebriert Größenwahn, erobert den privat sensiblen, schüchternen Hans Hölzel. Und treibt ihn in Alkohol- und Drogenexzesse.

1981 ebnet „Der Kommissar" den Weg zur Solokarriere. Der Song wird zu einem gigantischen Erfolg – obwohl ihn Ö3 nicht spielt, weil ihn ein „Geistesgestörter" singe. Doch weltweit wird man auf den exaltierten Rapper aus Österreich aufmerksam: Die Debütsingle des 25-Jährigen schafft es in die Charts von 27 Ländern, vielfach auf Platz 1. Mit seinem Manhattan-Schönbrunner-Deutsch, einer mutigen Mischung aus Englisch, fantasievollen Wortschöpfungen und nasalem Wienerisch.

Über Amouren und Ausrutscher mit Bardamen – in der Tiefe des Clubs U4, in der Eden-Bar oder in Ninas Nobelpuff – soll hier nicht erzählt werden. Aber dass er Oskar Werner verehrt und sich nächtelang seine Filme ansieht. Für seine Liedtexte nimmt der sprachverliebte Pop-Poet Anleihen bei Ernst Jandl und H. C. Artmann – dem Falcos wienerische Lässigkeit gefällt.

Am 29. März 1986 landet „Rock Me Amadeus" auf Platz 1 der amerikanischen Charts. Der Falke sitzt mit Freunden im „Oswald & Kalb". Wie ein Lauffeuer verbreitet sich die Nachricht: „Feiern, feiern, feiern!", jubelt das Lokal. Doch Falco überrascht: „Naa, i scheiß drauf." – „Oida, wieso freust dich nicht? Bist vollkommen geistesgestört?", fragt ihn sein Bandleader Peter Vieweger. „Des schoff' i nie wieder. Jetzt is' aus …", antwortet Falco.

Hilde Alexander lässt ihren Mann über Falco sagen: „Für mich ist er der Wolfgang Amadeus der Pop-Musik" und engagiert ihn. Falco singt – hochelegant im mitternachtsblauen Smoking – mit Peter Alexander in seiner TV-Show ein Duett, die Einschaltquote ist gigantisch. Eines mit Madonna lehnt er hingegen mit den Worten „Was soll ich denn mit der singen?" ab. Und lässt auch einen Sechs-Millionen-Dollar-Deal mit „Virgin Records"-Gründer Richard Branson platzen.

Immer wieder wird die Metapher von einem, der sich an der Sonne verbrannt hat, strapaziert: Hans Hölzel, Falco, der Falke als Ikarus. Ein unsicherer Mensch, der 150 000 Zuschauer zum Toben bringt, mehr als 60 Millionen Tonträger verkauft und mit dem Image des Musikgiganten oft nicht zurechtkommt.

Am 6. Februar 1998 wird Hans Hölzels Auto in der Dominikanischen Republik beim Verlassen eines Disco-Parkplatzes mit voller Wucht von einem Bus zerquetscht. Der 40-Jährige ist sofort tot. 1,5 Promille Alkohol und große Mengen von Drogen im Blut. Jahre zuvor schlittert er in seinem Peugeot durch die Glasfassade des Wiener Renaissance-Hotels, landet kurz vor der Bar und sagt: „Jetzt bin i da!"

LEBENSLINIEN FALCO

- 1957 *Geburt.* 19. Februar als Johann Hölzel in Wien.
- 1978 *Pseudonym* „Falco" nach dem DDR-Skispringer Falko Weißpflog.
- 1980 *Underground-Hit* „Ganz Wien".
- 1982 *Erster internationaler* Erfolg mit „Der Kommissar".
- 1985 *Durchbruch* mit „Rock Me Amadeus".
- 1998 *Unfalltod.* 6. Februar in der Dominikanischen Republik.

H. QUALTINGER LIEST
'QUASI' AUS 'DIE LETZTEN
TAGE DER MENSCHHEIT'
2021
P.S. WIEN, 7.32
P. Sengl 2021

Ein Koloss als Liebling und Geißel Wiens

Helmut Qualtinger nennt sich selbst „Menschenimitator". Der Kabarettist, Satiriker, Schauspieler und Schöpfer des „Herrn Karl" hat den Mut, immer zu sagen, was er sich denkt. Und legt wie mit dem Seziermesser die Seele des ewigen Spießers bloß.

„Ich bin Chemiker, mein Sohn ist Komiker." Dipl.-Ing. Friedrich Qualtinger über seinen Sohn Helmut.

Mama Ida schreibt Kinderbücher à la Courths-Mahler und näht Stoffpuppen, die sie während des Krieges gegen Lebensmittel eintauscht. Ihr blond gelockter Sohn, der noch als Volksschüler aussieht „wie ein Engerl", lehnt sich sehr bald gegen den autoritären Vater auf. Helmut muss fünfmal das Gymnasium wechseln, er soll unbedingt Akademiker werden. Der Sohn des überzeugten Nationalsozialisten marschiert nicht lange mit der Hitler-Jugend, flüchtet sehr bald in eine „Spielschar" der HJ und schlüpft dort in die verschiedensten Kostüme. Später verkleidet er sich mit der viel zu großen Uniform des Vaters als Offizier und spaziert durch die Wiener Innenstadt. Bereits als Fünfjähriger spielt er während der Sommerfrische in Kärnten mit seinem Kasperltheater Bauernkindern Märchen vor.

Als verträumter Gymnasiast zieht sich der junge Qualtinger in die Welt der Literatur zurück, liest Ibsen und Dostojewski, aber auch Detektivromane und Bücher über Parapsychologie. In Leihbüchereien besorgt er sich die in den hintersten Reihen versteckten verbotenen Dichter. Chemielehrer Qualtinger verbietet seinem Sohn das Lesen – also muss er es heimlich tun: „Statt zu onanieren, habe ich mit der Taschenlampe in der Hand unter der Bettdecke gelesen", erinnert er sich später.

Mit 16 sprengt der Widerständler Telefonhütten in die Luft, nach dem Ende des Krieges legt er eine Not-Reifeprüfung ab und wird zum Schleichhändler. Im chaotischen Nachkriegs-Wien kann man bei ihm Präservative, *Stolichnaya*-Wodka und *Chesterfield*-Zigaretten beziehen. Später studiert Helmut vier Semester Medizin, statiert an der Staatsoper und besucht als Gasthörer ein „paar langweilige Wochen" das Reinhardt-Seminar.

Für die *Welt am Abend* verfasst er Kritiken unter dem Pseudonym Hans Helmut – „man heißt nicht Qualtinger, wenn man etwas werden will", meint der Chefredakteur. Kulturchef ist Johannes Mario Simmel. Nebenbei schreibt Qualtinger romantische Gedichte und Theaterstücke. Sein Drama „Jugend vor den Schranken" entfacht bei der Premiere in Graz einen Theaterskandal:

Die Zuschauer ergreifen lautstark Partei für den Hauptdarsteller, einen jugendlichen Mörder, und skandieren in Sprechchören die Todesstrafe für den 19-jährigen Autor.

Gemeinsam mit Gerhard Bronner, Michael Kehlmann und Carl Merz wird eine Kabarett-Revue geboren: Im Herbst 1952 hat das „Brettl vor'm Kopf" Premiere: Die große Zeit der Wiener Nachkriegs-Kleinkunst beginnt. Trotz manch massiver Verrisse ist das Programm vom ersten Tag an Stadtgespräch, mehr als 100 Vorstellungen sind restlos ausverkauft.

–

„In Wien musst erst sterben, damit sie dich hochleben lassen. Aber dann lebst lang."

–

Für Qualtinger, einen „jungen Mann von gewaltiger Fülle des Leibes wie des Talents" (Friedrich Torberg), beginnen im engen Theater in der Liliengasse die zehn erfolgreichsten Kabarettjahre. Der „Menschenimitator", wie er sich selbst nennt, ist der Star des Ensembles. Seine ätzenden Parodien begeistern das Publikum. Mit dem „G'schupften Ferdl" – Synonym für jugendliche Ratlosigkeit und Unruhe – sprengt er den Rahmen des kleinen Theaters: Das Chanson landet in den Wurlitzern der Vorstadt-Tschocherln.

Mit *practical jokes*, über die die ganze Stadt lacht, entspannt sich der füllige Publikumsliebling: 1950, als Minister Hurdes zu einem „Kampf gegen Schmutz und Schund" aufruft, montiert er „anstößige Us" von Geschäftsbeschriftungen ab und liefert sie in einem Leiterwagerl beim Portier des Unterrichtsministers ab. Oder er bittet Journalisten zur Ankunft eines Nobelpreisträgers, des Eskimodichters Kobuk, der in Wien sein Drama „Einsames Iglu" präsentieren und mit der Eisrevue über eine Grönland-Tournee verhandeln will. Am Westbahnhof steigt Qualtinger mit monumentaler Pelzmütze aus dem Zug.

Eine seiner Sternstunden erlebt er am 3. Oktober 1957: Erstmals sieht man im Programm „Glasl vorm Aug" den Vorläufer des „Herrn Karl", den „Travnicek". Die Figur eines stänkernden Ur-Wieners, dessen Weltanschauung sich in den wenigen Silben „Na, was brauch i des" dokumentiert.

Vier Jahre später steht ein Feinkost-Magazineur, der 30 Jahre seines Lebens Revue passieren lässt, erstmals auf der Bühne. Ein ewiger Mitläufer, ein Kleinbürger ohne Rückgrat, der über Leichen geht. Ein Schmarotzer bei Witwen und politischen Parteien: der „Herr Karl", der sich überall feig anpasst – als Synonym menschlicher Schwäche. Wie mit dem Seziermesser legt Qualtinger die Seele des ewigen Spießers bloß: „Man hat nie gewusst, welche Partei die stärkere ist. Man hat sich nie entscheiden können, wo man sich hinwendet …" oder „Er hat mi ang'schaut … mit seinen blauen Augen …i hab eahm ang'schaut ... hat er g'sagt: *Jaja*. Da hab i alles g'wusst. Wir haben uns verstanden." Qualtinger und sein Co-Autor Carl Merz „wollten einem bestimmten Typus auf die Zehen treten, und ein ganzes Volk schreit *Au*!", schreibt Hans Weigel.

Mit der Lesung aus den mehr als 200 Szenen des Karl-Kraus-Anti-Kriegsdramas „Die letzten Tage der Menschheit" erweckt der geniale Rezitator

Qualtinger ein beklemmendes Weltuntergangs-Panoptikum. Ein Wachsfigurenkabinett aus „Larven und Lemuren". Niemand sonst schafft es, hinter dem vordergründigen Humor messerscharf Kriegsgräuel aufblitzen zu lassen.

Auch als Schauspieler – ob als Horváths Fleischhauer Oskar oder Kleists Dorfrichter Adam – erforscht Qualtinger verschlagene Bosheit. Als Nachfolger von Horváth, Kraus und Nestroy. Vielleicht hätte der „Koloss von Wien" ein österreichischer Orson Welles werden können. Die Begabung zu einem Weltstar ist vorhanden. Quasi hätte aus Wien fortmüssen, sich dem Qualitätsanspruch einer Film- und Theaterstadt wie London stellen. Doch in Wien ist es für den verletzbaren, melancholischen Moralisten, zum Exzess neigenden und sich am Leben verschwendenden Menschen immer bequemer. Hier fühlt er sich nie wirklich wohl, doch er lebt, als gäbe es die bürgerliche Gesellschaft nicht.

LEBENSLINIEN HELMUT QUALTINGER

- 1928 *Geburt.* 8. Oktober in Wien.
- 1952 *Erste Kabarett-Revue.* „Brettl vor'm Kopf".
- 1961 *Durchbruch mit dem Monolog* „Der Herr Karl".
- 1973 *Lesung.* „Mein Kampf" im Hamburger Thalia-Theater.
- 1986 *Filmerfolg.* „Im Namen der Rose" mit Sean Connery.
- 1986 *Tod.* 29. September in Wien.

(U.J.) ER WAR NOCH NIEMALS
IN NEW YORK - ER WAR NOCH
NIEMALS AUF HAWAII 2020
P.S. Wien N.4.3 P.Sengl 20
P.SENGL 2020

Hemmungsloser Verführer im Bademantel

Ein Publikumsliebling als Phänomen. Ein pathetischer Poet für die Masse: Trotz kritischer Texte reißt **Udo Jürgens** seine Fans zu Jubelstürmen hin. Ein wildes Leben lang dreht sich der Entertainer im Hamsterrad des Erfolgs. Ständig am Limit.

„Ich sehe mich in meinem weißen Bademantel auf irgendeiner Bühne sitzen, vor mir wunderschöne Mädchen, von denen ich eines, vielleicht waren es manchmal auch zwei, mit in mein Hotelzimmer nahm. Nichts ernst nehmend. Schon gar nicht das Leben“, beschreibt Udo Jürgens im Buch „Unterm Smoking Gänsehaut“ sein „herrlich verrücktes Leben in einer schrecklich-verrückten Zeit“.

Udo Jürgens, ein musikalisches Phänomen. Ein pathetischer Poet für die Masse. Ein Pop-Idol, das rund 100 Millionen Tonträger verkauft. Er schreibt mehr als 1000 Songs, die er in acht Sprachen singt. Hits wie „Griechischer Wein“, „Aber bitte mit Sahne“ oder „Ich war noch niemals in New York“ begeistern die Massen. Aber er schreibt und singt nicht nur oberflächliche Schlager, sondern auch Lieder mit Tiefgang. Mit Textzeilen wie „Die Erde ist bald ausgeraubt – das Wasser tot, das Land entlaubt – der Himmel luftdicht zugeschraubt“ warnt er schon früh vor der hemmungslosen Ausbeutung der Natur.

In „Ein ehrenwertes Haus“ prangert er die Selbstgerechtigkeit des Spießertums an, mit „Rot blüht der Mohn“ Drogenmissbrauch. Das Kuriosum Udo Jürgens in der oberflächlichen Welt der Schlager: Trotz der kritischen Texte gegen Hunger, Geldgier und Rassismus reißen seine Hits über Mittelmaß und Schweigen in Melodien voller Leichtigkeit die Fans zu Jubelstürmen hin. Wenn Udo Jürgens in den ausverkauften Hallen schweißgebadet im Bademantel zurück auf die Bühne kommt und auf seinem gläsernen Flügel Zugaben gibt, bedient er ein Ritual, ein Glücksgefühl, von dem seine Zuschauerinnen am Weg zurück in ihren grauen Alltag noch lange zehren. Udo weiß sich ein wildes Leben lang zu inszenieren und schafft es, fast nie peinlich zu wirken – wenn er nach Konzerten mit Mädchen, die seine Enkelinnen sein könnten, in seinem Hotelzimmer verschwindet, sieht man ihn zum Glück nicht. Im verfilmten Buch „Der Mann mit dem Fagott“ werden die ersten Jahre seiner Karriere und die schicksalhafte Geschichte dreier Generationen der Familie Jürgens mit Ereignissen und Tragödien des 20. Jahrhunderts vermischt: vom Ende des kosmopolitischen Finanzbürgertums über die Russische Revolution, die Dramatik des Dritten Reichs bis zum Wiederaufbau und Wirtschaftswunder.

Der fünfjährige Udo Jürgen Bockelmann bekommt von den Eltern eine kleine Mundharmonika geschenkt. Auf dem Gut der Bankiersfamilie Bockelmann in Ottmanach, nordöstlich von Klagenfurt, steht ein Flügel, bald beginnt sich der Bub das Klavierspielen selbst beizubringen. Und geht unbeirrt seinen Weg. Obwohl er auf dem linken Ohr beinahe taub ist: Während einer Wehrübung wird er von einem „Jungzugführer" so brutal geschlagen, dass es ihm das Trommelfell zerfetzt. Doch der Bub kämpft für seinen Traum weiter. Die Liebe zur Musik ist stärker als die Gewalt eines NS-Fanatikers.

Bei einem Komponistenwettbewerb des ORF gewinnt das Lied des 16-Jährigen „Je t'aime" unter 300 Einsendungen. Mit Mama Käthe fährt er zur Preisverleihung nach Wien. Auf das Johann-Strauß-Denkmal legt er eine Rose.

1951 Gründung der *Udo-Bolan-Combo*, die in Wirtshäusern auftritt. Stundengage: 5 Schilling. Danach klimpert er bis in den frühen Morgen als Jazzpianist für Trinkgeld in Bars am Wörthersee. 1954 folgt der erste Plattenvertrag unter dem Namen Udo Jürgens: der Startschuss für die Künstlerkarriere eines Nervenbündels – in Bierzelten, auf Bauernmärkten und im Vorprogramm bei „Bunten Abenden". Untertags dreht er Filme in Velden mit vielversprechenden Titeln wie „Unsere tollen Tanten". Produzenten wollen aus dem jungen Schlagersänger einen zweiten Freddy Quinn generieren. Doch seine jugendliche Fantasie ist von anderen Bildern geprägt, seine zukünftige Traumwelt sieht anders aus: „Frank Sinatra! Rechts ein Whiskyglas und eine blonde, links eine Zigarette und eine dunkle Schönheit im Arm ..."

Bereits 1965 singen Stars wie Brenda Lee und Sarah Vaughan seine Kompositionen, später auch Bing Crosby und Sammy Davis Jr. 1966 nimmt Udo Jürgens zum dritten Mal am Grand Prix Eurovision teil und gewinnt mit „Merci, Chérie". In mehr als 20 Ländern landet das Lied an der Spitze der Hitparaden – für die erste Million des verkauften Hits überreicht Charles Aznavour dem 33-Jährigen die allererste „Goldene Schallplatte". 1969 landet er laut einer Umfrage als Idol der deutschen Jugend nach John und Robert Kennedy auf dem dritten Platz. Er tritt mit Shirley Bassey im Maracanã-Stadion von Rio, später im Hollywood Palladium, aber auch auf der Wiener Donauinsel vor mehr als 200 000 Zuschauern auf und singt im Pekinger Kulturpalast. Auf Chinesisch.

–

„Ich will zu jenem Relief beitragen, das aus den positiv denkenden, freien und kritischen Kräften einer Gesellschaft zusammengesetzt ist."

–

Viele Jahre wird er von Hans R. Beierlein („Die einzigen Noten, die ich lesen kann, sind Banknoten") gemanagt. Die weltweiten Tourneen brechen alle Rekorde. Marketinggags gibt es am laufenden Band. Wenn Jürgens per Helikopter gemeinsam mit seinem Plexiglasflügel auf das Schweizer Jungfraujoch geflogen wird: 3454 Meter hoch findet das „Traumkonzert des Traumtänzers" statt. Weltweit wird es im Fernsehen gezeigt. Manche nennen Udo Jürgens einen

„Gemischtwarensänger", er „balanciere auf dem schmalen Grat zwischen Kitsch, Korrektheit und Peinlichkeit".

Fünf Jahrzehnte lang dreht er sich pausenlos im Hamsterrad des Erfolgs. Ständig am Limit. Immer smart im Smoking. In einem Interview mit dem Magazin der *Süddeutschen Zeitung* bekennt er: „Vierzig Zigaretten pro Tag. Zwei Flaschen Wodka vor dem Auftritt. Nur Drogen sind tabu. Mit 34 nach einem Konzert in Neapel mein erster Kollaps. Jahrelang leide ich unter Schlafstörungen, graue Vögel kreisen um mich – in meinen Albträumen bin ich bestimmt tausendmal erschossen worden."
2014. Drei Tage vor Weihnachten: Der 80-jährige Entertainer befindet sich gerade auf der „Mitten im Leben"-Tournee. Während eines Spaziergangs am Bodensee hört sein Herz zu schlagen auf. Mitten im Leben erreicht ihn auch der Tod.

LEBENSLINIEN UDO JÜRGENS

- 1934 *Geburt*. 30. September in Klagenfurt.
- 1959 *Durchbruch* mit dem Lied „Jenny".
- 1966 *Grand Prix Eurovision*. Sieg mit „Merci, Chérie".
- 1978 *Größter finanzieller Erfolg* mit „Buenos Dias, Argentina".
- 2007 *Musical-Erfolg*. „Ich war noch niemals in New York".
- 2014 *Tod*. 21. Dezember in Gottlieben/Schweiz.

STIERGEBORENE SENTA BERGER
VON HOLLYWOOD ZUR BUHLSCHAFT
NACH MÜNCHEN ZUR KOMMISSARIN 2021
P.S. WIEN N.7.32
P.SENGL 2021

Wandelbarer Weltstar aus Wien

Von der scheuen „Sophia Loren aus dem Gemeindebau" zur Hollywood-Diva: **Senta Berger**. Sie zeigt später nicht nur in ihren Rollen als starke Frau Haltung – schon lange vor der #MeToo-Bewegung prangert sie sexuelle Übergriffe von Filmpartnern an.

„Holt's euch a Autogramm von der Kleinen da drüben", muntert Hans Moser vor 65 Jahren Fans auf, „des könnt's später tauschen. Aus der wird nämlich was!" So gibt Senta Berger ihr erstes Autogramm.

In der „Lindenwirtin vom Donaustrand" spielt die 16-Jährige ihre erste richtige Filmrolle – mit dem Satz „Gnä' Frau, die Hendln sind da" beginnt die Karriere eines späteren Weltstars aus Wien. Männer pfeifen ihr nach und verwechseln ihr Teenager-Babyfett mit weiblichen Kurven. Und ihre Schulfreunde nennen sie damals die „Sophia Loren vom Gemeindebau". Wie der „freche blonde Altmann aus der 6c", schreibt Senta Berger 2006 in ihren Erinnerungen „Ich habe ja gewusst, dass ich fliegen kann".

Sie erlebt eine Kindheit voller Geborgenheit. In der kleinen Hietzinger Gemeindebauwohnung liegt Musik in der Luft. Das wichtigste Möbel ist ein Klavier. Der Vater spielt Wienerlieder und Operetten-Evergreens, Senta singt dazu. Gemeinsam treten sie auch bei „Bunten Abenden" in Wirtshäusern auf. Als Neunjährige statiert sie im Kästner-Klassiker „Das doppelte Lottchen", nimmt Ballettunterricht und tanzt zu Melodien von Mozart, Schubert und Schumann.

In einem Interview mit der *Süddeutschen Zeitung* erinnert sich Senta Berger, die heute in München lebt: „Als Kind sind wir im Sommer immer *verschickt* worden, von Wien nach Tirol oder Kärnten. Das waren wunderschöne Ferien. Und manchmal komm ich mir in München auch so vor. Es ist nicht meine Stadt. Als Wienerin kann man mit keiner anderen Großstadt wirklich warm werden."

Mit 14 weiß sie, dass sie sich den Traum vom Schauspielerleben erfüllen will, und nimmt privaten Unterricht, zwei Jahre später verlässt sie das Gymnasium. Willi Forst engagiert sie für die Filmkomödie „Die unentschuldigte Stunde". Die ehrgeizige, aufgeregte Senta schafft die Prüfung am Reinhardt-Seminar, das 16-jährige „Mäderl", wie sie alle dort nennen, ist die Jüngste im berühmten Jahrgang mit Marisa Mell, Elisabeth Orth, Erika Pluhar und Heidelinde Weis. Nachdem sie, ohne den Direktor zu fragen, eine Rolle im Film „The Journey" mit Yul Brynner annimmt, fliegt sie vom ehrwürdigen Schauspiel-Seminar.

1958 wird Senta Berger jüngstes Mitglied am Theater in der Josefstadt. Mehr als 60 Jahre später beobachtet Otto Schenk in seinem Refugium die Nebelschwaden, die den Irrsee behutsam bedecken, und erinnert sich: „Als Senta in die Josefstadt als Elevin gekommen ist, sind alle Schauspieler fast in Ohnmacht gefallen – wegen ihres Reizes, den sie ganz unschuldig vor sich hergetragen hat. Dafür hat man sie auch ein wenig verachtet. Sie war so *ad hoc schön*. Später hab ich sie in meinem ‚Reigen'-Film besetzt. Nicht ans Erotische denkend. Sie war so hinreißend, so selbstverständlich hinreißend in jedem Ton. Ab diesem Moment wurde sie in meinem Herzen zu einer großen Schauspielerin."

1962 übersiedelt sie nach Amerika, dreht mit Charlton Heston, John Wayne und Dean Martin. Auch wenn es manchmal nur kurze Szenen, „Cameo-Auftritte", sind, das aufreizend schöne Mädchen wird bald die „Monroe aus Wien" genannt. Sieben Jahre später kehrt sie nach Europa zurück, dreht mit Alain Delon und in Roms Cinecittà.

Senta Bergers darstellerische Skala in Serien-, Kino- und Fernsehproduktionen ist einzigartig. Ob die Magda in „Schatten der Giganten" mit Kirk Douglas, die Anita mit Bruno Ganz im Film „Satte Farben vor Schwarz", in dem sich ein Ehepaar am Ende seines Lebens die Freiheit nimmt, über Leben und Tod zu entscheiden, oder in „Tartuffe" mit Klaus Maria Brandauer am Burgtheater. Sie ist die beeindruckendste Buhlschaft im „Jedermann" an der Seite von Curd Jürgens und später von Maximilian Schell. Und sie bleibt auch als Serienheldin in „Kir Royal" und „Die schnelle Gerdi" unvergesslich.

Senta Berger wirkt in mehr als 100 Filmen mit, tritt an den wichtigsten deutschsprachigen Theatern auf, produziert mit ihrem Mann Michael Verhoeven mehrfach ausgezeichnete Kino- und Fernsehfilme wie das Widerstandsdrama um die Geschwister Scholl „Die weiße Rose". Für ihr Lebenswerk erhält Senta Berger den angesehenen „Grimme-Preis" – sie beherrsche das leichte wie das schwere Spiel, urteilt die Jury.

Während der letzten Jahre verkörpert Senta Berger mit großer Authentizität starke Frauen. Und verdeutlicht unaufgeregt und unbeirrt, wie wichtig es ist, Haltung zu zeigen. Wie als sensible Kriminalrätin Dr. Eva Maria Prohacek in der TV-Serie „Unter Verdacht": Fast 20 Jahre lang ermittelt sie intern gegen Korruption und Freunderlwirtschaft im Polizeiapparat. Und verkörpert damit im TV-Krimi-Universum eine Sonderrolle.

–

„Der Flirt ist das Training mit dem Unrichtigen für den Richtigen."

–

Auch privat zeigt die Wienerin immer Haltung und beweist Solidarität. Vor 50 Jahren ist sie bei der Aktion „Wir haben abgetrieben!" dabei. Ihr Bild erscheint neben anderen Stars wie Romy Schneider auf dem *Stern*-Cover. Noch ohne Hashtags und die Macht der sozialen Netzwerke engagiert sich Senta Berger gegen Doppelmoral und Heuchelei.

Und schon lange vor der #MeToo-Bewegung prangert sie sexuelle Übergriffe in der Filmbranche an: Beim Simmel-Klassiker „Es muss nicht immer Kaviar sein" versucht O. W. Fischer, sie zu vergewaltigen. Nach den sechswöchigen Dreharbeiten glaubte er dann, sich entschuldigen zu können: mit dem Faust-II-Zitat „Das Ewig-Weibliche zieht uns hinan". Bereits vor 15 Jahren schildert sie Übergriffe von Stars wie Charlton Heston und Richard Widmark. „Durch #MeToo haben sich die Machtverhältnisse geändert", meint die Berger – aber es werde zu viel über Schauspielerinnen gesprochen und viel zu wenig über Putzfrauen und Busfahrerinnen.

Vor einigen Jahren wird von den Ärzten fast zu spät eine lebensgefährliche Entzündung der Blutgefäße entdeckt. Doch Senta Berger ist davon überzeugt, dass sie an Vaskulitis nicht sterben wird …

LEBENSLINIEN SENTA BERGER

- 1941 *Geburt*. 13. Mai in Wien.
- 1958 *Jüngstes Mitglied* im „Theater an der Josefstadt".
- 1962 *Internationale Filmkarriere* in Hollywood bis 1969.
- 1974 *Buhlschaft* bei den Salzburger Festspielen bis 1982.
- 1985 *Rückkehr* zum Film mit „Kir Royal".
- 2002 *Erfolgs-Krimiserie*. „Unter Verdacht" bis 2019.

O.WERNER MIT
HAMLETSCHULTER
2020
P.S. Wien N.7.32
P. Seng 20

Gebrochener Gigant aus Gumpendorf

Oskar Werner, der Wiener „James Dean des Theaters", feiert auch in Hollywood Triumphe. Das legendäre Timbre eines Verführers, Anmut, Feuer, Pathos und Würde, die magische Bühnenpräsenz des tieftraurigen Theatergiganten sind früh Vergangenheit.

Der wieselflinke Herr Ali schießt wie ein Pfeil durch das Café Hawelka. Mokka-Tassen und Buchteln balancierend. Und Cognac, wenn Oskar Werner – in den abgewetzten Plüschpolstern versunken – für Reinhardt-Seminaristinnen Rilke rezitiert. 1955. Oskar Werner dreht vier Filme: „Spionage", „Der letzte Akt", „Mozart" und „Lola Montez". Zur Entspannung lässt sich der jugendliche Filmstar von den Elevinnen bewundern.

Mehr als 25 Jahre später, nach einem Leben voller Siege und Schmach, sitzt er im Café Eiles an seinem Stammplatz hinten am Fenster nahe seines Josefstädter Studios, das er „Cäsars geheimes Feldlager" nennt. Er versucht, Medienmenschen von hochtrabenden Projekten zu überzeugen: Vormittags, nach dem zweiten, dritten doppelten Cognac, ist er längst dem Cäsarenwahn verfallen. Er plane zum Papst-Besuch vor der Universitätskirche Freilichtspiele, in Konkurrenz zu Lorin Maazel für die Caritas ein Neujahrskonzert mit den Symphonikern – bei dem er selbst dirigiert – und werde für den ORF „Faust" und „Mephisto" spielen. In eigener Regie.

Aber vor allem plane er, als Gründer, Financier und Regisseur ein noch nie dagewesenes Festival. Bei dem Freunde wie Menuhin, Montand und Nurejew mitmachen würden. In und vor Burgen, Kirchen und Klöstern: 23 Zuschauer sind anwesend, als die verwüstete frühere Heldenfigur zur Eröffnung des „Wachau-Festivals" auf der Schallaburg Gedichte liest. Eher lallt. Das legendäre Timbre eines Verführers, Anmut, Feuer, Pathos und Würde, seine magische Bühnenpräsenz sind längst Vergangenheit. Es ist ein sinnloser Kraftakt des physischen und psychischen Wracks – trotz schreiender Souffleuse –, Monologe von sich zu geben. Bald faselt er nur mehr von vergangenen Triumphen …

Bereits 13 Jahre zuvor ein Debakel bei den Salzburger Festspielen: Oskar Werner spielt und inszeniert „Hamlet". Das Publikum himmelt ihr Idol an, erzwingt Vorhang um Vorhang. Und will nicht akzeptieren, dass der Burgtheaterheld der Nachkriegsjahre seinem Stil der Jugendlichkeit nicht entkommen kann. Hilde Spiel in ihrer Kritik: „Sobald er die ersten Worte spricht, beginnt man an den Möglichkeiten dieser Gestaltung zu zweifeln. Wenn er dann die Effekte aufzusetzen beginnt, schluchzt, tobt, tenoral schmettert, in grelles Gelächter verfällt … eine theatralische Katastrophe, wie sie Salzburg in solchem Ausmaß noch nie befallen hat." Aber Oskar Werner liest ja zum Glück keine Kritiken, denn „ich rede mit Eunuchen nicht über die Liebe".

Er zieht sich – die Anonymität suchend – ins Fürstentum Liechtenstein zurück. 14 Jahre Einsamkeit, Depressionen, haltloser Alkoholkonsum, nur zwei, drei Stunden Schlaf. Nachts ruft er immer wieder eine der wenigen verbliebenen Freundinnen in Wien an, die Sängerin Irmgard Seefried. Wie 1972: „Vergiss den Brando im *Letzten Tango*, ich hab mir gerade das *Narrenschiff* angeschaut – sei mir nicht bös', ich bin viel besser!" Der schlaflose ehemalige Theaterzauberer tröstet sich in Triesen in seiner Teixlburg, oberhalb von Vaduz, in einem eigenen Vorführraum mit seinen Kino-Triumphen.

Kultfilme machen ihn unsterblich: „Jules und Jim" mit Jeanne Moreau und „Der Spion, der aus der Kälte kam" mit Richard Burton. In „Das Narrenschiff" als herzkranker Alkoholiker und Schiffsarzt an der Seite der geheimnisvollen Morphinistin Simone Signoret. Eine zu späte, chancenlose Begegnung. Beide werden für den Oscar nominiert. Und in Truffauts „Fahrenheit 451" als Feuerwehrmann Montag in einem Regime, das selbstständiges Denken unter Strafe stellt und Bücher verbrennt.

Werner bleibt immer ein Schwieriger, der nicht bereit ist, sich mit dem Mittelmaß zu begnügen. Seinen Sieben-Jahres-Vertrag mit der „20th Century Fox" bricht er bald, weil ihn die angebotenen Rollen „beschämen". Auch Stanley Kubrick sagt er ab.

Als Sohn eines Versicherungsvertreters und einer Fabrikarbeiterin kommt er in Wien-Gumpendorf als Oskar Josef Bschließmayer zur Welt. Früh ist der zierliche, scheue Bub vom Theater fasziniert: Als er mit vier Jahren in einer Märchenvorstellung den Prinzen durch die Reihen stolzieren sieht, will er „sofort mit ihm mitgehen". Am Schultheater ist er der Schwarm der Mädchen – die Matura besteht er nicht. Als Komparse darf Oskar 1939 in „Hotel Sacher" als Liftboy die ersten Sätze sagen. Die internationale Filmwelt wird auf den blonden Jüngling aufmerksam, als er 1948 „Der Engel mit der Posaune" dreht. Der Weg zum Filmstar ist geebnet.

Im Schicksalsjahr 1955 wird er am Burgtheater als „Jahrhundert-Don-Carlos" stürmisch gefeiert, es sind „die kürzesten vier Stunden, die eine Klassikeraufführung je gedauert hat". Schon als Anfänger verrät er Kollegin Konradi sein Karriereziel, er wolle „die Könige, die großen Herrscher spielen".

–

„Mit dem Theater bin ich verheiratet, der Film ist meine Geliebte."

–

Bald beeindruckt er als Hamlet oder Torquato Tasso, als knabenhafter wie feuriger Prinz von Homburg. Immer offenbart er eine Mischung aus Charme, Entschlossenheit und Weichheit. Der Suchtfaktor des Wiener Publikums nach diesem „James Dean des Theaters" wird immer größer. Doch er kehrt dem Burgtheater im Zorn den Rücken. Zuletzt 1963, weil sein Wunsch, „Richard III." zu spielen, nicht sofort akzeptiert wird. Lieber tingelt er mit Klassikern auf Tournee-Pawlatschen herum.

Die Last der Begabung, die Tragik des Ruhms scheinen ihn bald zu erdrücken. Ein tieftrauriger Theatergigant, der seinen Erfolg nie verstanden hat, der schon mit 18 im Burgtheater „am Tisch der Götter sitzen darf". Ein selbstzerstörerischer Skeptiker, der mit jedem Wort die feinsten Regungen der Seele zum Schwingen bringt. Und auch in Hollywood gefeiert wird. Vereinsamt stirbt er in einem deutschen Hotelzimmer. Als dem Alkohol verfallener 61-jähriger Greis. Am nächsten Tag wird Elisabeth Orth um Abschiedsworte ersucht. Sie bittet um ein „großes, zärtliches Schweigen".

LEBENSLINIEN OSKAR WERNER

- 1922 Geburt als Oskar Josef Bschließmayer in Wien.
- 1941 *Erstes Engagement* am Wiener Burgtheater.
- 1948 *Internationaler Durchbruch.* „Der Engel mit der Posaune".
- 1955 *Jahrhundert-Don-Carlos* am Wiener Burgtheater.
- 1965 *Golden Globe* für „Der Spion, der aus der Kälte kam".
- 1984 *Tod.* 23. Oktober in Marburg an der Lahn.

ALSO SPRACH BRUNO KREISKY
NELKENVERNETZT 2021
P.S. WIEN N.7.-32
P. SENGL21
P. Sengl. 2021

„Man muss die Menschen gernhaben“

Ein sozialistischer Großbürger, der wie ein Monarch regiert. Ein wortgewaltiger, widersprüchlicher Volkstribun, der dreizehn Jahre lang eine Ära prägt: **Bruno Kreisky** ist schlau, schlagfertig, aber auch demagogisch, er wird verehrt und angefeindet.

Für H. C. Artmann ist er eine „Jahrhundertpersönlichkeit“. Und der ewige Spötter Thomas Bernhard nennt ihn, als ob er Kreide gefressen hätte, „im allerwahrsten Sinne des Wortes einen Vollblutpolitiker“.

1936 im „Sozialistenprozess“ wird Bruno Kreiskys Verteidigungs-Philippika zu einer Anklage gegen den Austrofaschismus. Er wird zu einem Jahr Kerker wegen Hochverrats verurteilt, sitzt mit einem illegalen Nazi und einem Kommunisten in einer Zelle. Immer wieder erzählt Kreisky später die Geschichte der beiden Mithäftlinge: Der eine meint, bald werde Hitler auch in Österreich und er frei sein. Der andere antwortet ihm, dass Stalin kommen und Hitler verjagen wird. „Und ich“, beendet Kreisky den Bericht aus dem Gefängnis, „habe keinen Hitler und keinen Stalin gehabt, auf den ich hätte hoffen können, sondern nur die Hoffnung auf die Demokratie …“

1938 wird er von der Gestapo festgenommen, nach fünf Monaten unter der Bedingung, das Land zu verlassen, enthaftet. Während der Emigration in Schweden, wo er seine Frau Vera, eine Industriellentochter, kennenlernt, organisiert er Hilfsmaßnahmen für Österreich. Obwohl mehr als 20 Mitglieder seiner Familie von den Nazis ermordet werden, kehrt Kreisky 1950 nach Österreich zurück. Als Staatssekretär nimmt er später an den Staatsvertrags-Verhandlungen teil. Neun Jahre nach seiner Rückkehr aus der Emigration wird Kreisky Außenminister.

Der aus einer jüdischen Großbürgerfamilie stammende Sozialist Bruno Kreisky, der sich selbst als Agnostiker bezeichnet, löst 1970 Bundeskanzler Josef Klaus am Ballhausplatz ab. Mit Unterstützung der FPÖ unter dem ehemaligen Waffen-SS-Offizier Friedrich Peter, die, durch eine minderheitenfreundliche Wahlrechtsreform als parlamentarische Partei gerettet, eineinhalb Jahre das Überleben der SPÖ-Minderheitsregierung sichert.

Kreisky verspricht, Österreich liberaler, moderner, europareif zu machen. Und setzt ein Reformprogramm in Justiz, Bildung, Wirtschaft um. Auch wenn er voller Nonchalance raunzt: „Von Wirtschaft versteh’ ich nix.“ Sein Credo „Ein paar Milliarden Schulden sind weniger schlimm als ein paar hunderttausend Arbeitslose“ polarisiert.

Die Bilanz des charismatischen Politikers, der eine Ära prägt, der verehrt und angefeindet wird, der schlau und schlagfertig, aber auch demagogisch und rücksichtslos sein kann, ist eindrucksvoll: Drei Wahlsiege für die SPÖ mit absoluter Mehrheit führen zu 13 Jahren Alleinregierung, während der sich „nicht nur der Wohlstand der vollbeschäftigten Bevölkerung stark mehrte, sondern auch eine steife, katholisch-ständestaatliche Gesellschaft modernisiert wurde“, wie die *FAZ* feststellt.

Johannes Kunz, der langjährige Presssprecher des „Journalistenkanzlers“, erinnert sich, dass er es wie kein anderer verstand, die Presse für seine politischen Zwecke zu instrumentalisieren. Kreisky zu einem innenpolitischen Journalisten: „Ihre Drei-Mann-Redaktion weist einen eigenartigen Pluralismus auf: Einer schreibt für die ÖVP, der andere für die FPÖ, und Sie schreiben gegen die SPÖ …“

Als „Medienzampano“ erkennt er früh die Macht des Fernsehens. Als Entertainer der politischen Bühne regiert er lustvoll. Oft wie ein Monarch. Fast 5000 Tage bleibt er im Amt – ein Rekord in der Zweiten Republik. Pünktlichkeit zählt nicht zu seinen Tugenden. Als der Arbeiterführer einmal in Niederösterreich bei einem SPÖ-Parteitag gemächlich und zu spät in Maßschuhen und im Hantak-Maßanzug aus seinem mitternachtsblauen Jaguar mit dem Kennzeichen W 609 aussteigt, meint er: „Genossen, erstens habe ich keine Zeit pünktlich zu sein und zweitens habe ich die Erfahrung gemacht, dass ich noch niemals etwas versäumt habe.“

Hinter einer Maske von Gleichmut schafft es der dünnhäutige „Sonnenkönig“ auch in Stresssituationen, seine Stimmungslage zu verbergen. Er ist mit insgesamt 26 Jahren das längstdienende Regierungsmitglied. „Der Alte“, wie er in seiner Partei respektvoll genannt wird, kämpft für die „Demokratisierung aller Lebensbereiche“: Er setzt fundamentale Frauenrechte durch, entschärft den Abtreibungsparagrafen durch Einführung der Fristenlösung und legalisiert Homosexualität unter Erwachsenen, schafft Studiengebühren ab und verteilt gratis Schulbücher. Einer der Lieblingssätze des Kanzlers, dessen Nummer im Telefonbuch steht: „Man muss die Menschen gernhaben.“

Bruno Kreisky sieht sich als Weltbürger und will Österreich das Tor zur Welt öffnen. Er fungiert als Vermittler im Nahost-Konflikt und kämpft für die Unabhängigkeit der Palästinenser, der assimilierte Jude schimpft Israels Premier Begin einen „polnischen Winkeladvokaten“, während er innige Bruderküsse Jassir Arafats akzeptiert und glaubt, Terrorist Gaddafi werde nur „missverstanden“.

–

„Einkommen und Vermögen sind keine Schande, höchstens die Art, wie sie zustande kommen.“

–

Die legendäre Auslandsreporterin Antonia Rados meint: „Wie alle, die sich um die (zugegebenermaßen) dringenden Probleme von Nahost kümmerten, hat Kreisky sie nicht lösen können, aber hierher importiert. Er hat als einer der wenigen Europäer das Ansteigen des islamischen Fundamentalismus vorausgesagt. Verhindern konnte er ihn aber nicht.“

Unter den sozialistischen Größen seiner Zeit ist er der extravaganteste: Er ist impulsiver als der bedächtige Willy Brandt, gemütlicher als der feierliche François Mitterand, jovialer als der trockene Olof Palme. Kreisky kennt Otto Bauer und Victor Adler noch persönlich, bei der „Kopfwäsche“ für linksradikale Studenten, denen Kreiskys Sozialdemokratie zu kokett, zu bürgerlich ist, zitiert er die Ideologen besser als seine Widersacher. Mit seinem gemäßigten Sozialismus schafft er es erstmals, größere Wählerschichten aus dem bürgerlichen Lager für seine Partei zu gewinnen – bis er 1983 die absolute Mehrheit verliert.

In seiner letzten Lebensphase, von Augen- und Nierenleiden gezeichnet, zieht sich Kreisky verbittert immer mehr nach Mallorca zurück. Im Sommer 1990 stirbt er an Herzversagen. Willy Brandt, fast 50 Jahre lang sein Vertrauter und Weggefährte, hält die Grabrede: „Lebwohl, mein lieber, schwieriger Freund.“

LEBENSLINIEN BRUNO KREISKY

1911	*Geburt.* 22. Jänner in Wien.
1938	*Emigration* und Exil in Schweden bis 1950.
1959	*Bundesminister* für Auswärtige Angelegenheiten bis April 1966.
1967	*Bundesparteivorsitzender* der SPÖ bis 1983.
1970	*Bundeskanzler* bis Mai 1983.
1990	*Tod.* 29. Juli in Wien.

CHRISTOPH WALTZ BRINGT SEINEN
OSCAR ZUM GOTT DES GEMZELS MIT 2021
P.S. Wich N.9. 32
P.Sengl 21
P.SENGL 2021

Karriere mit kaltblütigem Lächeln

Sein internationaler Durchbruch gelingt erst mit 50 Jahren. **Christoph Waltz** brilliert als Bond-Bösewicht und Partner von Brad Pitt oder Jodie Foster. Die Rolle seines Lebens, zwei Oscars und zwei Golden Globes verdankt er Kultregisseur Quentin Tarantino.

„Schauspieler leiden an kollektiver Selbstüberschätzung" ist Weltstar Christoph Waltz überzeugt. „Wer nichts Kluges zu sagen hat, sollte das Maul halten. Es ist aber umgekehrt. Abgesehen davon, dass dieser Chor der Dummheit nervt, fallen Menschen, die ihre Widerstandskräfte und Sensoren noch nicht stark genug entwickelt haben, auf Lautstärke herein. Wer am lautesten schreit, wird wahrgenommen."

Auch prominente Corona-Querdenker – vom „Tatort"-Kommissar bis zur Schauspielerin, die man aus der Brillen-Werbung kennt – nerven Waltz: Im Interview mit der *Süddeutschen* Zeitung meint er, er könne es nicht mehr hören, „über was für Befindlichkeiten Promis reden ... diese Leute, die sich Querdenker nennen, denken entlang des Brettes, das sie vorm Kopf haben."
Waltz erkennt auch die oft absurden Mechanismen der Filmbranche nüchtern und kommentiert sie spitz. Doch er weiß genauso, wie sehr auch er zum Spieler innerhalb des verflochtenen Netzwerks geworden ist, in dem es darum geht, den Marktwert von Stars und Filmen zu maximieren.

Seine internationale Karriere beginnt erst, als er über 50 Jahre alt ist. Der Durchbruch gelingt ihm 2009 mit einer der beklemmendsten Figuren des Kult-Regisseurs Quentin Tarantino: Christoph Waltz spielt in „Inglourious Basterds" brillant – fern gängiger Film-Nazi-Psychogramme – den humanistisch gebildeten, sarkastischen, sprachlich virtuosen SS-Oberst Hans Landa.

Bis Tarantino seinen Film-Nazi findet, sucht er nach eigenen Aussagen lange. Als er Waltz sieht, steht für ihn sofort fest: Der spielt den SS-Schergen. Es ist die Rolle seines Lebens, für die ihm Tarantino die Türen in die Traumfabrik öffnet.

Bald danach ist der Wiener Waltz ein gefeierter internationaler Star, vielfach ausgezeichnet, mehr als 20 Preise erhält er für die Rolle des Judenjägers, darunter den Oscar – als erster deutschsprachiger Schauspieler seit Maximilian Schell 1962. Seinen zweiten Oscar bekommt er als Darsteller eines kaltblütig-lächelnden Kopfgeldjägers, des deutschstämmigen Zahnarztes Dr. King Schultz, im Epos „Django Unchained" von Quentin Tarantino, der die Rolle extra für Waltz schreibt. Bei der zweiten Oscar-Verleihung wird er am

Red Carpet gefragt, wie es ihm geht: „Besser als beim letzten Mal“, murmelt er. „Jetzt weiß ich schon, wo ich rein- und rausgehen muss.“

Nach dem zweiten Tarantino-Streich folgen Filme wie „Legend of Tarzan“, „Tulpenfieber“ oder der Thriller „Georgetown“. Waltz spielt neben Vanessa Redgrave einen skrupellosen Erbschleicher in der Scheinwelt der High Society und führt auch Regie.

Inzwischen umfasst seine Filmografie mehr als 120 Titel, er besteht souverän an der Seite von Hollywood-Größen wie Cameron Diaz und Jodie Foster, Brad Pitt und Orlando Bloom. Auch als Bond-Bösewicht Blofeld 2015 und im aktuellen, entbehrlichen 007-Abenteuer „Keine Zeit zu sterben“ an der Seite von Daniel Craig.

Als Wiener in Hollywood, der derzeit wohl zu den gefragtesten deutschsprachigen Schauspielern weltweit gehört, wird Waltz zu Hause gefeiert. Inzwischen ist er, nachdem seine 17 Jahre währende Ehe mit einer US-Psychotherapeutin scheitert, mit der Kostümbildnerin Judith Holste verheiratet und pendelt zwischen den Wohnsitzen Berlin, London und Los Angeles. Nur fünf Prozent aller Schauspieler schaffen es hier, genügend Aufträge zu bekommen.

Für Christoph Waltz ist es ein weiter Weg bis Hollywood. Zuvor spielt er auch in seichten Serien, wie in der SAT.1- Verwechslungskomödie „Schöne Witwen küssen besser“. Immerhin wird in Südfrankreich gedreht. Als Herz-Schmerz-Sänger Roy Black wird er 1996 im Film „Du bist nicht allein“ mehrfach ausgezeichnet.

Christoph Waltz ist längst Teil des „Walk of Fame“: Der Name des Sohnes eines Bühnen- und Kostümbildner-Ehepaars aus Wien-Grinzing ist auf dem 2536. Stern am berühmtesten Boulevard von Los Angeles eingraviert. Christophs Großeltern mütterlicherseits sind Schauspieler am Burgtheater. Eigentlich will er Kameramann werden, doch er entscheidet sich für eine Schauspieler-Ausbildung am Reinhardt-Seminar und in New York am Lee Strasberg Theatre and Film Institute.

1977 steht er in Wien erstmals auf einer Theaterbühne, es folgen Engagements in Zürich, Hamburg, Salzburg und Frankfurt. Daneben spielt er Episodenrollen in TV-Krimis wie „Derrick“, „Der Alte“, „Schimanski“ und „Kommissar Rex“. Waltz fühlt sich permanent unterschätzt, seine Fernsehauftritte seien eine „fade und frustrierende Angelegenheit“.

–

„Wenn man die eigene Bedeutungslosigkeit erlebt hat, ist die Gefahr nicht mehr so groß, dass man eine aufgeblasene Größe über den Moment hinaus für real hält.“

–

Der doppelte Oscar-Preisträger ist vielseitig: In Antwerpen inszeniert er 2013 die Oper „Rosenkavalier“, arrangiert die Sängerinnen und Sänger wie im Kino zu Bildern und erzielt eine gelungen-plakative Wirkung. Andererseits beschließt Waltz sechs Jahre später im Film „Alita: Battle Angel“, in der Stadt Iron City als kaltblütiger Action-Hero einem Girl-Cyborg neues Leben einzuhauchen.

Die Streaming-Welt hat nicht nur das Fernsehen revolutioniert, sondern produziert auch immer mehr Kinofilme: „Ich habe ein paar Filme gesehen, die ohne Netflix nicht gemacht worden wären. So zum Beispiel der Gewinner bei den Filmfestspielen in Venedig 2018, ‚Roma'. Solche Filme würden normalerweise nicht länger als drei Wochen im Kino laufen. Jetzt landen sie nach Auszeichnungen auf Netflix."

Seit September 2021 ist Waltz auf Amazon Prime in „Most Dangerous Game" zu sehen. Einer Menschenjagd, bei der sich ein todkranker Mann darauf einlässt, für viel Geld gejagt zu werden. Es ist ein eher humorloses Opus. Doch in der Amazon-Satire „The Consultant" beweist Waltz schwarzen Humor.

LEBENSLINIEN CHRISTOPH WALTZ

- 1956 *Geburt.* 4. Oktober in Wien.
- 1976 *TV-Debüt* in „Der Vetter im 7. Bezirk".
- 1981 *Erster Kino-Film* „Kopfstand".
- 2010 *Erster Oscar und Golden Globe* als bester Nebendarsteller in „Inglourious Basterds".
- 2013 *Zweiter Oscar und Golden Globe* als bester Nebendarsteller in „Django Unchained".
- 2021 *Bond-Bösewicht* in „Keine Zeit zu sterben".

O
R
H. PORTISCH VON
PILZEN+
POLITIK 2021
P. Sengl 2021
F

Die ewige Suche nach der Wahrheit

Drei Kanzler wollen ihn als Bundespräsidenten. Der bedeutendste Journalist des Landes, **Hugo Portisch**, lehnt ab. Als TV-Kommentator bringt der Kosmopolit die weite Welt in die Wohnzimmer Österreichs. Und erklärt Zeitgeschichte wie kein anderer.

New Orleans vor mehr als 30 Jahren. Polizeigeschwader auf Motorrädern mit Blaulicht eskortieren die Wiener *Storyville Jazzband*, die hier ihr 30-jähriges Jubiläum feiert und musizierend durch das French Quarter der Jazz-Hochburg zieht. Mittendrin Hugo Portisch. Ich bin auch dabei.

Zurück im Hotel, erzählt er mir von einem Anruf aus dem Wiener Bundeskanzleramt: Franz Vranitzky habe gemeinsam mit Vizekanzler Busek die Absicht, ihn als Kandidaten für die bevorstehende Wahl des Bundespräsidenten als Nachfolger Waldheims vorzuschlagen. Das ehrenvolle Angebot – zuvor versuchten schon die Kanzler Klaus und Kreisky, Hugo Portisch dazu zu überreden – lehnt er ab: „Ich brauche meine Freiheit. Ich kann mir auch nicht vorstellen, gemeinsam mit meiner Frau eine Ehrenkompanie abschreiten zu müssen ..." Immer wieder verweigert Portisch auch Ministerposten oder höchste Führungspositionen im ORF. Freiheit und Unabhängigkeit bleiben immer die wichtigsten Prämissen in seinem Leben. Voller Enthusiasmus ist er Journalist.

Als ÖVP und SPÖ 1964 Hörfunk und Fernsehen unter ihre totale Kontrolle stellen, schreibt Portisch in einem wütenden Leitartikel: „Wir schimpfen über den Ostblock, über Zensur in den Diktaturen und sollen uns das gefallen lassen? Nein, wir werden etwas dagegen tun!" Er initiiert als Chefredakteur der damals größten Tageszeitung *Kurier* das erste Volksbegehren in Österreich. 32 Zeitungen schließen sich an, Portischselbst verteilt in der Wiener Innenstadt Flugblätter für die Entpolitisierung von Radio und Fernsehen. Das Ergebnis ist enorm: 832 353 gültige Unterschriften werden gezählt. Doch der Kampf gegen Parteienproporz im öffentlich-rechtlichen Rundfunk landet in einer Schublade des Parlaments ...

Von den jungen Kollegen, die er als Chefredakteur voller Verve fördert, verlangt er drei Dinge: „Das Wichtigste für jeden von euch muss die persönliche Unabhängigkeit sein, keine Verbrüderung mit Politikern! Zweitens: Ihr habt immer der Wahrheit verpflichtet zu sein – Check, Re-Check, Double-Check. Und drittens *audiatur et altera pars*, immer auch die andere Seite anhören."

Als Vollblutjournalist, als begnadeter Blattmacher mit dem einzigartigen Gefühl dafür, wie ein

Artikel aufgebaut und geschrieben sein muss, um Leserinnen und Leser zu fesseln, stehen *human touch* – menschliche Momente, die berühren – im Mittelpunkt.

Menschlichkeit beweist er auch im Umgang mit Mitarbeitern: wie bei seinem Sportchef, dem legendären Reporter Heribert Meisel, der am Ende seiner Krebserkrankung, vollgepumpt mit Morphinen, im Krankenhaus auf seiner Schreibmaschine neben dem Bett weiterhin täglich seine Kolumne „Heribert unterwegs" schreibt. Die immer verworreneren Texte sind nicht mehr zu veröffentlichen. Hugo Portisch lässt jeden Tag ein *Kurier*-Exemplar mit Meisels Kolumne drucken und ins Kaiser-Franz-Josef-Spital liefern.

Der glühende Demokrat, der bekannteste Journalist Österreichs, als „Erklärer der Nation" früh zur ORF-Legende geworden, wird 1927 in Pressburg als Sohn eines Journalisten geboren, als man von dort noch mit der „Elektrischen" nach Wien fährt. Eigentlich will er als Forscher die Welt bereisen. Doch bereits als 31-Jähriger ist er Chefredakteur. Als weltweite Recherchen und Reisen noch keine Routine sind, berichtet er aus Amerika und der Sowjetunion, erlebt Kuba und Vietnam im Kalten Krieg. Und Portisch schafft es, als erster westlicher Journalist hinter den „Bambusvorhang" zu blicken – Jahrzehnte vor Chinas Aufstieg zur Weltmacht. Das Buch „So sah ich China" wird auch in den USA ein Bestseller.

Vor 53 Jahren wartet er schlaflose 28 Stunden und 18 Minuten als Kommentator im „Affenkäfig", einem winzigen ORF-Studio, auf die Mondlandung. Später berichtet er aus der ganzen Welt – einmal auch in ungewohnter Rolle. Mit Schnorchel und Taucherbrille steht er auf den Malediven bis zum Hals im Wasser, um wachzurütteln: Die Korallenbänke sind bedroht.

Gemeinsam mit Henry Kissinger gestaltet der Kosmopolit eine Dokumentation über den Zweiten Weltkrieg, für den ORF analysiert er die Erste und Zweite Republik und in einer vierteiligen Serie den Zusammenbruch des Kommunismus in Europa. Und der überzeugte Europäer sagt den Brexit voraus. Noch als weit über 90-Jährigem gelingt es dem „Welterklärer", Wissen verständlich zu machen – ohne besserwisserische Attitüden. Er bleibt das gute Gewissen des Landes und ein Leben lang überzeugter Antifaschist – der sich immer wieder mit der These, Österreich sei das erste Opfer Hitlers, kritisch und kompromisslos auseinandersetzt.

„Als Journalist ist man immer der Wahrheit verpflichtet. Sie ist die stärkste Waffe, die es gibt."

Schicksalsschläge versucht er zu verdrängen und arbeitet noch mehr: 2012 stirbt sein einziges Kind Edgar in Madagaskar an den Folgen einer Tropenkrankheit. Wie seine Frau hofft er, als Erster zu sterben. Es gelingt ihm nicht. 2018 stirbt Traudi nach 72 Jahren Ehe im 98. Lebensjahr: die Liebe seines Lebens, die Verbündete und behutsame Kritikerin, die Autorin Gertraude Reich-Portisch.
Gemeinsam gewährt das Ehepaar einen Blick über den Gartenzaun seines Lebens. In zwei Büchern berichten sie von der Leidenschaft des

Schwammerl-Suchens und ihrem Bauernhaus in der Toskana. Mit eigenem Weingarten und Olivenhain. Viele erfüllte Jahre leben der ewig Rastlose und seine geerdete Frau in ihrer italienischen Oase. Wo Weisheiten wie *Quel ch'è disposto in cielo, convien che sia* – Was im Himmel beschlossen ist, muss man hinnehmen – gelebt werden.

„Der Tod ist nur einen Lacher wert", meint Hugo Portisch immer wieder. Am 1. April 2021 tritt er im 95. Lebensjahr, friedlich schlafend, seine letzte Reise an. Vermutlich überlegt er, wie er uns das Jenseits erklären kann.

LEBENSLINIEN HUGO PORTISCH

- 1927 *Geburt*. 19. Februar in Pressburg.
- 1958 *Chefredakteur* des *Neuen Kurier.*
- 1967 *Chefkommentator* des ORF.
- 1981 *Start* der ORF-Dokumentationen „Österreich I" und „Österreich II".
- 2018 *Ehrenbürger* der Stadt Wien.
- 2021 *Tod*. 1. April in Wien.

P. WESSELY MIT DOPPELTEM
-ENGEL MIT DER POSAUNE 20
P.S. WIEN N.7.32
P. Sengl. 2020
P. SENGL 20

Verführerin ins Reich der Zwischentöne

Ihr subtiles Spiel, die Verdichtung der Gefühle bewegen. Ihren Bühnenfiguren verleiht sie Poesie und Würde. Kaum eine andere Schauspielerin kann Glück und Leid, Sehnsüchte und Trauer darstellen wie sie: **Paula Wessely**, die Grande Dame des Theaters.

Sie „lockt das Publikum nicht mit körperlichen Reizen, mit schwüler Erotik und *Sexappeal* ins Lichtspielhaus" – liest man 1935 im Werbeheft des Filmes „Episode": Paula Wessely am Beginn ihrer Filmkarriere. Und in der *Bühne* wirbt ein Wiener Coiffeur: „Die Frisur von Frau Wessely im Film ‚Episode' ist eine Kreation aus dem renommierten Damenfrisiersalon Paschke." Die Popularität der jungen Schauspielerin ist während der frühen 1930er-Jahre so groß, dass es als modern gilt, „einen schrägen Haarscheitel zu ziehen, Sätze wie sie zu modulieren und ähnliche Kleidung zu tragen".

Paula, die Tochter eines theaterbesessenen Fleischermeisters, kommt 1907 in Wien-Sechshaus zur Welt. Bereits bei einer Wohltätigkeitsveranstaltung in der Schule beeindruckt sie „wegen ihres natürlichen Spiels", wie die *Reichspost* notiert. Am 12. Juni 1922 schreibt die 15-Jährige in einem Aufsatz „Das Theater ist es, das mein Wirkungskreis in späteren Jahren sein soll …"
Bereits zwei Jahre später tritt sie zum ersten Mal im Volkstheater auf. Als „apartes kleines Salonschlänglein" ist die Ehrfurcht vor den Schauspielern so groß, dass sie es nicht wagt, das Konversationszimmer zu betreten. Weitere zwei Jahre später spielt sie am Deutschen Theater in Prag, bei ihrem Debüt als Salondame ist sie Partnerin ihres späteren Mannes Attila Hörbiger. Max Reinhardt holt sie nach Wien und Salzburg, ihren ersten Triumph feiert sie allerdings in Berlin: Ihre Rose Bernd wird zu einer Sternstunde des Theaters. Ihr subtiles, differenziertes Spiel wird vom hemmungslos jubelnden Publikum und hymnischen Kritiken gefeiert. Werner Krauß spricht vom „größten schauspielerischen Eindruck, den ich je empfangen habe". *Die Wessely* ist geboren. Es folgen weitere bejubelte Frauenfiguren wie das Gretchen bei den Salzburger Festspielen.

International wird sie 1934 als Leopoldine Dur, die Vorleserin der Fürstin Metternich, im Willi-Forst-Film „Maskerade" bekannt. Der einzigartige Wessely-Ton mit Sätzen wie: „Ich? Warum gerade ich? Er kann doch ganz andere Frauen haben?" bleibt ewig in Erinnerung. 1936 will man sie mit einem sensationellen Angebot nach Hollywood locken. Paula Wessely lehnt dankend ab.
Auch Thomas Mann ist von der ausdrucksstarken Schauspielerin begeistert: „Sie hält einen Platz in der kleinen Galerie der Frauen, die mir, meist

ohne es zu wissen, das Herz bewegt haben." Jahre später schwärmt auch Laurence Olivier von ihr, Ingrid Bergman nennt Paula Wessely als Vorbild und Bette Davis sammelt ihre Filme.

Keine andere Wiener Bühnenkünstlerin findet über die Grenzen des Landes hinaus so viel Anerkennung, Bewunderung und Verehrung. Man schätzt, wie sie ihr Publikum in ein Reich der Zwischentöne verführt. Ihr eindringliches Spiel, ihre unvergleichliche Stimme, ihre Verdichtung der Gefühle berühren, bewegen und bezaubern das Publikum. Sie stellt Sehnsüchte und Glück, Schmerz und Trauer eindringlich dar, kann Wehmut mit zarter Ironie verbinden. Und immer bleibt ein letztes kleines Geheimnis.

Gern zitiert Paula Wessely ihren Förderer Max Reinhardt, dass die erste Station eines Schauspielers ist, sich selbst zu finden: „Einen anderen Menschen kann man nur spielen, wenn man sich selbst schon gefunden hat."

Während des Kriegs spielt sie am Deutschen Theater in Berlin, wird von den Nationalsozialisten hofiert und avanciert bald zu einer der höchstbezahlten Filmschauspielerinnen des Dritten Reichs. Und wirkt 1941 neben ihrem Mann Attila Hörbiger auch im berüchtigten Propagandafilm „Heimkehr" mit. Ihre Gage beträgt 150 000 Reichsmark (ein KdF-Wagen, der spätere VW-Käfer, kostet zu dieser Zeit 990 Reichsmark).
Paula Wesselys älteste Tochter Elisabeth Orth erinnert sich in ihren Memoiren „Aus euch wird nie was", aufgezeichnet von Norbert Mayer, an jenen „unsäglichen NS-Propagandafilm, in dem meine Eltern mitgespielt haben". Sie habe ihn sich erst als Erwachsene angeschaut: „Mir war richtiggehend übel." Nach dem Krieg habe ihre Mutter erklärt, „dass es ihr leidtue, in ‚Heimkehr' mitgespielt zu haben. Der später immer wieder erhobene Vorwurf, sie habe sich nicht distanziert, stimmt also nicht ganz."

Auch öffentlich bedauert Paula Wessely, damals nicht den Mut gehabt zu haben, sich zu widersetzen. Und sie hilft jüdischen Schauspielerinnen und Schauspielern, Engagements zu finden. 1976 bekennt sie in einem Gespräch mit André Heller über ihre Rolle im NS-Propagandafilm: „Es war das Schrecklichste, das ich in meinem Leben getan habe, ich geniere mich in Grund und Boden dafür und bereue nichts mehr als das." Zwölf Jahre später unterschreibt sie – angeregt von Hilde Spiel – anlässlich der Waldheim-Affäre im *profil* eine Forderung zum Rücktritt des Bundespräsidenten. Als Einzige der Unterzeichneten fügt sie hinzu: „Ich fordere nicht, ich bitte."

1977 spielt sie in der Regie von Peter Patzak in „Glückssache" eine atypische Rolle, eine Supermarktkassiererin. Patzak ist begeistert: „Was der Strich von Kokoschka ist, ist bei Paula Wessely die Melodie der Sprache."

—

„Stolz auf meine Leistung? Demütig, dass mir das alles beschieden war."

—

Noch im hohen Alter tritt sie im Burgtheater auf. In zwei Stücken Edward Albees trägt sie die „dunklen Seiten ihrer Seele auf die Bühne". Ihr subtiles Spiel zwischen Distanz und Verlockung in Schnitzlers „Weihnachtseinkäufen" bleibt unvergessen, ihre Bitte an Anatol: „Sagen Sie ihr:

‚Diese Blumen, mein … süßes Mädel, schickt dir eine Frau, die vielleicht ebenso lieben kann wie du und die den Mut dazu nicht hatte …'"

Am Ende ihres Lebens lebt die Wessely gemeinsam mit Tochter Maresa und deren Sohn Manuel zurückgezogen in ihrem Grinzinger Winzerhaus. In Altersdepressionen gefangen. 93-jährig stirbt sie und bittet zuvor, auf die für Ehrenmitglieder des Burgtheaters vorgesehene Verabschiedung auf der Feststiege und das Tragen um das Gebäude Abstand zu nehmen.

Im Nachruf schreibt *Der Spiegel*: „Wo sie auftrat, lebte die Bühne, blühten Gefühle, und Musik lag in der Luft."

LEBENSLINIEN PAULA WESSELY

- 1907 *Geburt*. 20. Jänner in Wien.
- 1929 *Beginn der Zusammenarbeit* mit Attila Hörbiger.
- 1932 *Triumph* am Deutschen Theater Berlin als Rose Bernd.
- 1934 *Internationaler Durchbruch*. Hauptrolle in „Maskerade".
- 1953 *Ensemblemitglied* des Wiener Burgtheaters.
- 2000 *Tod*. 11. Mai in Wien.

OTTO SCHENK UND
SEIN SCHWANENSEE
2021
P.S. Wien N.3.32
P.Sengl 21
P.SENGL 2021

Mikrokosmos des Menschlichen

Der „Menschenfresser“ braucht sein Publikum wie andere Luft zum Atmen: **Otto Schenk**, Spaßmacher mit Tiefgang. Als Regisseur und Menschendarsteller schreibt er Theatergeschichte. Und kein anderer inszeniert an der New Yorker Met öfter als er.

„Für mich ist überall zu Hause, wo meine Mika mit mir ist. Auch in einem kalten, unpersönlichen Hotel.“ Am Reinhardt-Seminar lernt er Renée Michaelis kennen. Sie merkt, „der ist g'scheiter, als ich dachte. Das war der Beginn. Dann musste ich ihm nur noch ein paar andere Damen ausreden …“

Eines Abends sitzen die beiden auf den Stufen beim Jonas-Reindl am Schottentor und beginnen zu reden. Die ganze Nacht, bis auch die letzte Straßenbahn weg ist. Das Gespräch ist noch nicht zu Ende … es dauert ein Leben lang. Vor 66 Jahren heiraten sie. Hochzeitstage vergisst man immer wieder. Zu Weihnachten bekommt Renée zwei Geschenke, weil sie am 24. Dezember Geburtstag hat. Und wenn sie ihrem Mann zwischendurch eine Freude machen will, gibt sie ihm einen Rollmops.

Wenn Schenk wie ein Formel-1-Veteran in seinem Mercedes 500 unterwegs ist, tief versunken in der Polsterung, sieht er kaum über das Lenkrad. Wenn Renée – vermutlich als einzige Frau der Welt – am Beifahrersitz stakkatoartig „Fahr nicht so langsam!“ brüllt, werden Mitfahrer zu Überlebenskünstlern. Einer der späten Schenk-Partner, Michael Niavarani, erinnert sich an eine Fahrt im Fond von Fuschl an den Irrsee: „Ich hab' mich im Leben noch nie so gefürchtet.“

Seit dem Tod seiner geliebten Mika ist alles anders. Otto Schenk ist einsam geworden.

Ein besonderer Lebensmensch für ihn ist auch Helmuth Lohner. Die beiden liebten eine Art „autistisches Blödeln“: „Was wir beide nicht ausstehen konnten, waren trocken-fantasielose Diskutierer, die immer jedes Detail ihrer Rollen hinterfragten.“ Mit Humor erreichen Schenk & Lohner oft viel mehr als andere mit ernst zu nehmender Kunst.

Für Freunde gibt es im Schenk-Refugium am Irrsee während des Salzburger Festspielsommers oft kulinarische Highlights: kurz angeröstete Herrenpilze (jeden Morgen schaut der Hobby-Küchenchef besorgt, ob die Schwammerln, die erst vor Kurzem zaghaft ihre Kopferln aus der Erde gestreckt haben, schon etwas größer geworden sind), danach das legendäre Schenk-Gulasch. Die Zubereitung gleicht einer heiligen Handlung:

Wenn es da jemand wagt, im Vorbeigehen umzurühren, löst er einen Schenk'schen Tobsuchtsanfall aus …

Leidenschaft und ein virulentes Suchtverhalten bestimmen das Leben des Otto Schenk. Die Spielsucht, die Erzählsucht, die Sucht zu inszenieren und den Theaterdirektor am Thron Max Reinhardts in der Josefstadt zu geben, sind der Dynamo seines beruflichen Lebens. Schenk, ein Phänomen künstlerischer Vielseitigkeit, ist ein Leben lang auf der Suche nach dem Authentischen – „es graust mir vor Unechtem. Wenn einer auf der Bühne ein unnatürliches Gesicht macht, möchte ich ihm schon eine Watsch'n geben."

Abseits der Bühne ist der große Unterhalter Österreichs ein melancholischer Phlegmatiker, ein Misanthrop. Und ein Hypochonder. Blutdruckmessen ist längst zur Leidenschaft geworden.

–

„Wann bei mir das Alter begonnen hat? Das sag' ich ganz offen … das Alter hat begonnen, als mir zum ersten Mal der Lutscher nicht g'schmeckt hat."

–

Seit mehr als einem halben Jahrhundert ist seine Popularität ungebrochen. Es beginnt mit einem Rasierapparat. In „Der Untermieter", einer frühen Sternstunde der österreichischen Fernsehunterhaltung, werden Philishave-Werbespots durch Spielhandlungen aufgewertet. Verwirrungen und Verwicklungen sorgen in Alltagssituationen für beste Unterhaltung. In der Sketch-Serie sieht man erstmals das junge Komikerpaar Alfred Böhm & Otto Schenk.

Als Fernseh-Würstelmann in „Heiße am Samstag" diskutiert Otto Schenk aktuelle Ereignisse in der Sprache seiner hungrigen Kunden. In diesem Mikrokosmos des Menschlichen schafft Schenk den Durchbruch. Plötzlich kennen ihn alle, klopfen ihm in der Tramway auf die Schulter …

Otto Schenk nennt sich selbst einen „Menschenfresser". Er braucht sein Publikum wie andere Luft zum Atmen. Und ist selig, wenn er merkt, wie sehr ihn die Menschen mögen. Egal ob in einer Mehrzweckhalle in Mistelbach oder im „Sommernachtstraum" bei den Salzburger Festspielen. Kaum ist er auf der Bühne angelangt, manchmal auch müden Schritts, stachelt er sich selbst zu leidenschaftlicher Spielfreude auf: Jede Pointe sitzt, Wortwitz und Situationskomik ergänzen einander.

Eines Tages ruft Met-Direktor Rudolf Bing an und will ihn nach New York engagieren. Bing meint: „Birgit Nilsson will die Tosca singen, aber sie macht es nur, wenn Sie Regie führen." Der fulminante Aufstieg in die Spitzenklasse der internationalen Opernregisseure beginnt. Otto Schenk inszeniert an der Metropolitan Opera – so oft wie kein anderer. Von „Fidelio" (1970) bis „Der Ring der Nibelungen" (1986/87) und 2006 „Don Pasquale" mit Anna Netrebko, dem Werk, mit dem er 1961 an der Wiener Volksoper seine Opernkarriere startet.

Bei Lesungen wie „Sachen zum Lachen" ist er voller Verve dabei, als ob er an der Met Wagners

„Der Ring des Nibelungen“ inszenieren müsste. Er lässt das Publikum Sorgen, eigene Schwächen und manches Malheur des Lebens vergessen. Der Spaßmacher mit Tiefgang tröstet und begeistert zugleich.

Der begnadete Erzähler, Komödiant und Schauspieler ohne falsches Pathos, der Herrscher des feinen Humors verzaubert voller Magie sein Publikum. Er braucht sich nur zwei, drei Schritte über die Bühne zu schleppen und die Menschen fangen an zu lachen.

Otto Schenks Leidenschaft fürs Leben, für Glücksmomente und Enttäuschungen sind ein wichtiger Bestandteil seiner Schauspielkunst. Wie Loriot, Karl Valentin oder Hans Moser saugt er Situationen auf, komische, traurige, unerwartete – und speichert sie. Er beobachtet die Menschen rund um ihn, ihre kleinen Attitüden und großen Schwächen. Irgendwann landen sie auf der Bühne.

LEBENSLINIEN OTTO SCHENK

- 1930 *Geburt.* 12. Juni in Wien.
- 1952 *Erste Rolle* am Wiener Volkstheater.
- 1955 *Erste Regie* im Theater in der Josefstadt.
- 1957 *Erste Operninszenierung.* „Zauberflöte“ am Salzburger Landestheater.
- 1988 *Direktor* des Theaters in der Josefstadt bis 1997.
- 2021 *Abschied* vom Theater.

NIKOLAUS HARNONCOURT
DIRIGIERT R. SCHUMANN
P.S. Wien N.7.32 2021
P. Sengl 2021
P. SENGL 20

Adeliger Revolutionär der Musik

Der Cellist, Dirigent, Lehrer und Autor **Nikolaus Harnoncourt** sieht Kunst als eine „Nabelschnur, die uns mit dem Göttlichen verbindet". Als leidenschaftlicher, unbeirrbarer Feuerkopf sucht er ein Leben lang Wege zu einem neuen Musikverständnis.

„Von klein auf nahm ich immer die Gegenposition ein. Ich bin keiner, der zustimmt. Ich habe auch selbst gern Widerspruch – ich brauche jemanden, der meine Gedanken infrage stellt", meint Nikolaus Harnoncourt, der unbequeme Rebell im Musikbetrieb. „Wenn ich keinen Partner habe, gibt es notfalls auch eine heftige Diskussion mit mir selbst."

Harnoncourt ist ein Begeisterter. Seine Triebfeder ist die Neugier. Als Diener der Kunst, als Suchender erforscht er ein Leben lang Wege zu einem neuen Musikverständnis.

Am Nikolaustag des Jahres 1929 wird er in Berlin als Johann Nicolaus de la Fontaine und d´Harnoncourt-Unverzagt geboren. Als Spross eines luxemburgisch-lothringischen Hochadelsgeschlechts.

Seine Mutter ist eine Urenkelin Erzherzog Johanns. In der Familie Meran pflegt man die Leidenschaft für Fußball. Der Großpapa stellt mit seinen Söhnen und den Dienern eine Mannschaft zusammen, nur einer fehlt für die Elf: „So wurde das Unglaubliche, ja eigentlich Unmögliche gemacht, Laja (Mama) wurde als Tormann rekrutiert", berichtet Nikolaus Harnoncourt im Buch „Meine Familie". Und er erzählt auch von den „gut zahlenden" Jagdgästen seiner Eltern: von Kemal Pascha aus Ägypten, der „immer auf die Gamsjagd ritt", vom indischen Maharadscha, der auf der Jagd in einem Sessel getragen wird, „er war aber nicht invalid, nur sehr reich und vornehm und schoss mit einem zwölfschüssigen Schnellfeuergewehr ganz wild und unwaidmännisch herum, bis er endlich traf".

Nikolaus wächst in Graz auf, wo er 1944 mit anderen Kindern und alten Männern nach den Bombenangriffen in den Ruinen nach Opfern graben muss: „Am Ende des Tages bekam jeder einen Schöpfer Graupensuppe und 20 sehr dünne Zigaretten. Zehn rauchte ich und die übrigen tauschte ich für Brot. Nach einer Woche bemerkte ich, dass das Rauchen keinerlei Genuss bot, und ich tauschte alle 20 für Brot. So wurde ich zum definitiven Nichtraucher."

Der Bub baut Modellflieger, schnitzt Marionetten. Im Alter von 17 Jahren entschließt er sich, Musiker zu werden. Er studiert bald Cello in

Wien und beginnt 1952 unter dem jungen Herbert von Karajan als Cellist bei den Wiener Symphonikern.

Bereits ein Jahr später gründet er mit Orchesterkollegen und der Geigerin Alice Hoffelner den *Concentus Musicus* Wien. Im gleichen Jahr wird geheiratet, in jeder freien Minute probt das Ehepaar in seiner Wohnung. Auf Originalinstrumenten will man dem ursprünglichen Klang von Renaissance- und Barockmusik so nahe wie möglich kommen.

Bahnbrechend sind die Einspielungen von Monteverdi-Opern und Bach-Kantaten. So sorgt der Doyen der Alten Musik – gegen heftigen Widerstand des etablierten Musikbetriebs – für eine Blüte des werkgetreuen Musizierens.

–

„Die Musik ist die einzige Sprache der Welt, die alle Menschen verstehen können."

–

1972 beginnt Harnoncourt auch zu dirigieren. Und bittet das Orchester immer wieder, in einer einzigartigen Sprachbilderwelt seinen klanglichen Visionen zu folgen. Wie mit der Aufforderung, sich beim Spielen vorzustellen, „mit einem Fuß in einer Frühlingswiese zu stehen". 1975 startet die langjährige Zusammenarbeit mit dem Concertgebouw Orchester in Amsterdam. 1983 debütiert er am Pult der Wiener Symphoniker, 1984 bei den Wiener Philharmonikern, 1987 an der Wiener Staatsoper und fünf Jahre später bei den Salzburger Festspielen.

Spätestens seit der „Missa Solemnis" 1992 in Salzburg avanciert er zu einem der weltweit angesehensten Orchesterleiter und ist am Olymp des Musikbetriebes gelandet. 2001 und 2003 dirigiert er das Wiener Neujahrskonzert. Unter der Bedingung, „dass er nicht ununterbrochen lächeln müsse …"

Harnoncourts Repertoire spannt sich von Bach und Händel über Haydn, Mozart und Beethoven bis Brahms, Bruckner und Johann Strauß, der „eine sehr interessante, doppel-, tripelbödige Musik komponiert – es gibt bei ihm kein Lachen ohne Weinen". Während der letzten Jahre führt er auch Werke der Moderne, etwa von Béla Bartók und Alban Berg, auf. Und 2009, auf der *styriarte* in Graz – jenem Festival, das er 24 Jahre zuvor gründet –, Gershwins „Porgy und Bess".

Als Autor mehrerer Bücher mit Titeln wie Robert Schumanns Ausspruch „Töne sind höhere Worte", als Erneuerer der Musik und als Lehrer versucht Harnoncourt, seine Ansichten über Musik, über Kunst zu vermitteln: „Kunst ist der Gegenpol zur Ratio, die Sprache des Unsagbaren – die Nabelschnur, die uns mit dem Göttlichen verbindet." 20 Jahre lang unterrichtet er als Professor für Aufführungspraxis am Salzburger Mozarteum und fordert, liebgewonnene Gewohnheiten aufzubrechen, neue Zugänge zur Musik zu finden und zwingt zum Dialog.

„Um schön zu sein, muss sich die Musik an der äußersten Kante der Katastrophe bewegen", meint der revolutionäre Rebell der Musik einmal. Der unbequeme Ururenkel Erzherzog Johanns bricht gern Tabus. Immer wieder gibt er sich wie ein junger Wilder und verstört das traditionelle Konzertpublikum.

Am 5. Dezember 2015 verkündet Nikolaus Harnoncourt in einem handgeschriebenen Brief – den er als Faksimile dem Programmheft eines *Concentus-Musicus*-Konzerts beilegen lässt –, dass er sich aus Rücksicht auf seine körperlichen Kräfte vom Dirigentenpult zurückziehe: „Das Ende einer glücklichen Entdeckergemeinschaft" sei gekommen.

Nach schwerer Krankheit stirbt er nur drei Monate später im Kreis seiner Familie. Er ist 86 Jahre alt geworden. Wilhelm Sinkovicz ehrt Harnoncourt, den „wohl prägendsten Dirigenten seiner Generation" in der *Presse* als „Synonym für einen interpretatorischen Neuansatz, der die Hörgewohnheiten einer ganzen Generation von Musikfreunden entscheidend geprägt hat". Für Franz Welser-Möst ist Nikolaus Harnoncourt ein Musiker, „der unsere Welt mehr als jeder andere der letzten 50 Jahre geprägt hat".

LEBENSLINIEN NIKOLAUS HARNONCOURT

- 1929 *Geburt.* 6. Dezember in Berlin.
- 1952 *Cellist* bei den Wiener Symphonikern.
- 1984 *Erstmals* am Pult der Wiener Philharmoniker.
- 1985 *Gründung* des steirischen Klassik-Festivals *styriarte.*
- 2001 *Dirigiert* erstmals das Neujahrskonzert.
- 2016 *Tod.* 5. März in St. Georgen im Attergau.

(JENSEITS VON AFRIKA +
KLAUS MARIA BRANDAUER IN
HAMLET-MEPHISTO UND
JEDERMANN 2021
P.S. Wien N.7.32 P.Sengl 21
P.SENGL 2021

Von Altaussee nach Hollywood

Alles – nur kein Mittelmaß. **Klaus Maria Brandauer** erfüllt die wichtigsten Bühnengestalten mit Leben. Und verkörpert voller Selbstbewusstsein Filmfiguren: als Bond-Bösewicht, Mephisto, Oberst Redl und Hanussen sowie als Partner von Meryl Streep.

Nur sieben Minuten hätten die Welt verändern können. Georg Elser, ein „Mann mit Mut in einem Ozean von Opportunismus", scheitert am 8. November 1939 um 21.20 Uhr mit dem Versuch, Adolf Hitler durch eine ganz nah am Rednerpult positionierte Bombe mit Zeitzünder zu töten. Der Führer beendet seine jährliche Rede im Münchner Bürgerbräukeller sieben Minuten früher als geplant – statt des Flugzeugs nimmt er den Zug nach Berlin. Das Attentat scheitert.

Der Film „Georg Elser – Einer aus Deutschland" über den Tischler, der Hitler töten will, aus dem Jahr 1989 ist ein Herzensprojekt von Klaus Maria Brandauer. Er führt Regie, spielt die Hauptrolle und ist Mitfinancier. Lange steht Georg Elser im Schatten des Adeligen mit der Augenklappe – Graf von Stauffenberg wird verehrt, bis zu Brandauers Film weiß die Öffentlichkeit kaum etwas vom Widerstandskämpfer Elser, der bereits fünf Jahre vor Stauffenberg Hitlers Wahnsinn ein Ende setzen will.

Seine Schauspielkunst demonstriert KMB nicht nur, wenn er voller Empathie Menschen wie Georg Elser spielt, sondern auch, wenn er ambivalente Figuren oder Falotten verkörpert. Als erfolgsbesessener Hendrik Höfgen in der Klaus-Mann-Verfilmung „Mephisto", als James-Bond-Gegenspieler in „Sag niemals nie", als Hanussen und als Oberst Redl in István Szabós vielfach preisgekröntem Spionage-Drama der k. u. k. Monarchie wird er international bekannt. Brandauer beeindruckt als Oberst Redl die Kritik: „Er lässt ganz langsam, seiner Mittel ganz sicher, hinter der stumpfen, herrisch abweisenden Maske eines Menschen, der sich entschieden hat, lieber gefürchtet als geliebt zu werden, die grausige Pathologie des Selbsthasses hervorkommen", attestiert ihm der deutsche Kritiker Urs Jenny.

Als Baron von Blixen-Finecke spielt der virtuose, vielseitige Bühnen- und Filmschauspieler neben Meryl Streep und Robert Redford in „Jenseits von Afrika", einem pathetischen Melodram über Liebe, Sehnsüchte und Schicksalsschläge. Brandauer wird für den Oscar nominiert und erhält den Golden Globe für die beste Nebenrolle.

„Auch in Hollywood wusste man immer, wo man mich erreichen konnte: beim Schneiderwirt in Altaussee", erzählt er vor zehn Jahren in dem

Buch „Tischgespräche". Und bekennt: „Ich mag meine Heimat so, als ob sie ein Lebewesen wäre, bin leidenschaftlicher Altausseer, ein chauvinistischer Steirer und nicht beleidigt, dass beides in Österreich liegt." Der Ehrenbürger von Altaussee freut sich auch, für längere Zeit in Rio, Los Angeles und New York gelebt zu haben: „Manchmal ist der Sonnenaufgang über der Westseite des Central Parks schöner als der über der Trisselwand …"

Als Klaus Georg Steng wird er 1943 in Bad Aussee als Sohn eines Zollbeamten geboren. Den Großteil seiner Kindheit und Jugend verbringt Klaus bei den Großeltern in Altaussee. Ab 1988 ist Brandauer im Verein „Poesie im Ausseerland" die treibende Kraft: Frischmuth, Menasse, Ransmayr, Turrini und Jewgeni Jewtuschenko lesen, später treten die Jesserer, die Nicoletti, Helmuth Lohner auf, Juliette Gréco und Johan Botha singen. Und Felix Mitterer schreibt ein Stück für das Salzbergwerk – das „Spiel im Berg" beginnt. Im Berg und auf der Seewiese spielen Schauspieler, die später an den wichtigsten Theatern und im Film Karriere machen: Johanna Wokalek, Birgit Minichmayr, Philipp Hochmair.

Brandauer spielt in Fritz Kortners letzter Inszenierung 1970 im Theater in der Josefstadt als schlanker Jüngling den Prinzen in „Emilia Galotti". Es ist jene Zeit, als der *Austria-3-* und *Roth-Händle-*Kettenraucher noch um drei Uhr früh den Weg zum Zigarettenautomaten sucht. Er erinnert sich an einen Satz von Kortner: „Sie rauchen zu viel, sie sollten lieber mehr essen und lesen."

Schon sehr früh ist das heutige Ehrenmitglied des Burgtheaters sehr selbstbewusst. Und selbstverliebt. Sein nonchalanter Satz „Der Größenwahn ist mein Begleiter" wird gern zitiert. Von seiner Familie, besonders von seiner Mutter, wird er immer „liebend überschätzt, da kann einem im späteren Leben nicht mehr viel passieren". Als Bub findet er am Dachboden ein „Hamlet"-Reclam-Heft. Als er später Mutter Maria anvertraut, dass er Schauspieler werden will, sagt sie nur: „Mach's." Und als er nach einer „Jedermann"-Aufführung mit Will Quadflieg überzeugt ist: „Den spiel' ich auch einmal", meint die Mutter: „Ja, sicher." Ab 1983 steht er sieben aufeinanderfolgende Jahre am Salzburger Domplatz. Obwohl er meint, dass Schauspieler „kein Beruf für erwachsene Menschen" sei.

Als gerade 20-Jähriger heiratet er seine Jugendliebe Karin. Die Regisseurin, mit der er mehr als 30 Jahre zusammenlebt, die immer zu ihm sagt „Gib nicht so an", stirbt 1992 im Alter von 47 Jahren. In Interviews bekennt er damals, „der Sinn fehlt plötzlich, es gab Momente, als ich daran dachte, mein Leben zu beenden".

–

„Ich möchte das Leben feiern – auch wenn einem das Schicksal, der Zufall oder gar die Vorsehung etwas schickt, worüber man nicht besonders glücklich ist."

–

Brandauer ist früh Vater eines Sohnes. Um seine Familie zu ernähren, bricht er die Ausbildung an der Hochschule für Musik und Darstellende Kunst in Stuttgart ab. Bald wird die blonde Nachwuchs-Naturbegabung aus der Steiermark gefeiert – in Salzburg, Düsseldorf, München und am Wiener Burgtheater. Seine Persönlichkeit, seine Souveränität, sein Wille aufzufallen, sein leuchtender, verführerischer Blick beeindrucken.

Voller Disziplin sucht er von Beginn an den Weg nach ganz oben. Auch mit radikalen Methoden. So trinkt er 22 Tage lang nur Wasser und nimmt keine feste Nahrung zu sich – durch die extreme Nulldiät verliert er 18 Kilo und kann sogar verschiedene Wassersorten unterscheiden.

Heute ist der Bühnenzauberer, der als Romeo und Hamlet, Don Carlos und König Lear gelernt hat, mit Bravos und Buhs zu leben, der „James Dean aus Altaussee", der als über 70-Jähriger wieder Vater wird, der in einem Jahre 80. Geburtstag feiert, überzeugt: „Die Zeit ist zu knapp, um sich mit Mittelmäßigem auseinanderzusetzen."

LEBENSLINIEN KLAUS MARIA BRANDAUER

- 1943 *Geburt*. 22. Juni in Bad Aussee.
- 1972 *Ensemblemitglied* am Wiener Burgtheater.
- 1973 *Regiedebüt* mit „Wie es euch gefällt" am Theater an der Josefstadt.
- 1981 *Internationaler Durchbruch* mit dem Oscar-gekrönten Film „Mephisto".
- 1985 *Oscar-Nominierung* und Golden Globe für die beste Nebenrolle in „Jenseits von Afrika".
- 2014 *Nestroy-Theaterpreis* für das Lebenswerk.

LOTTE TOBISCH IM
BLÄTTEROPERNKLEID
MIT ADORNO FÜR
DEN BLÄTTERWALD
2021
P. S. WIEN 7.32
P. SENGL 21 P. SENGL 2021

Schinkenfleckerln und Kreiskys Boxer

Voller Esprit, Haltung, Stil und Souveränität flaniert sie durchs Leben. Die Schauspielerin **Lotte Tobisch** ist Vertraute großer Dichter und Denker. Nebenbei organisiert die letzte Grande Dame der Wiener Gesellschaft 15 Jahre lang den Opernball.

Wenn Männer zu aufdringlich werden, kann es passieren, dass sie öffentlich geohrfeigt werden, erzählt Lotte Tobisch schmunzelnd am Ende ihres Lebens als 92-Jährige.

Sie ist eine elegante Erscheinung. Die Grande Dame der Wiener Gesellschaft prägt das Society- und Kulturleben der Stadt. Voller Esprit, Haltung, Menschlichkeit, Noblesse, Stil und Souveränität. Sie flaniert durch ein Leben zwischen Lachen und Leidenschaft, karitativem Engagement und Wiener Großbürgertum.

Die Schauspielerin, Schriftstellerin, Salondame und Vertraute großer Dichter und Denker des 20. Jahrhunderts ist amüsant und geistreich, aber auch respektlos. Ihre Schlagfertigkeit, ihr verschmitztes Lachen sind nie verletzend. All das schätzen ihre Freunde. Und auch ihre legendären überbackenen Schinkenfleckerln. Mit Schnittlauch drauf.

Sechs Jahrzehnte lang serviert sie ihre Spezialität in der von Büchern fast überwucherten Wohnung neben der Staatsoper. Nicht nur der espritvolle Erfinder der „Maghrebinischen Geschichten“ Gregor von Rezzori schwärmt von den Schinkenfleckerln der „wirklichen Dame“. Und er habe den Verdacht, dass sie schon emanzipiert auf die Welt gekommen sei.

Als Kind rebelliert sie gegen alles, für ihre sehr junge Mutter ist das unerziehbare Kind eine enorme Herausforderung. Auch in der Klosterschule Sacré Cœur, im oberbayrischen Elite-Gymnasium Schloss Marquartstein und in weiteren Instituten ist das oft renitente Mädchen nicht leicht zu behandeln – siebenmal muss sie die Schule wechseln.

Mit dem „denkenden Marxisten“ Theodor W. Adorno pflegt Lotte Tobisch eine innige Beziehung, die sich vor allem in einer langjährigen intimen Brieffreundschaft manifestiert. Auch mit dem Philosophen Günther Anders und dem Kabbalisten und Religionshistoriker Gershom Scholem, der mehr als 500 Werke publiziert, pflegt sie eine intensive Verbindung. Elias Canetti, Fritz Hochwälder, Oskar Werner und Carl Zuckmayer schätzen die unprätentiöse Dame der Wiener Gesellschaft ebenfalls. Man schätzt an ihr, dass sie gut zuhören kann, kluge Fragen stellt und dass in ihrem beiläufigen Plauderton manche Weisheit mitschwingt.

Eigenschaften, die auch Bruno Kreisky anerkennt. Immer wieder besucht er Lotte Tobisch. Ihr Boxer Dagobert zeugt 1970 mit der Boxerdame Lady aus dem Nachbarhaus einen einzigen Welpen, das schneeweiße Mädchen Bianca. Schon bei seinem ersten Besuch in Lottes Wohnung am Opernring kauert Kreisky sofort auf dem Fußboden. „Der Hund schleckt ihn ab, die beiden spielen wie Kinder“, erinnert sich die Hundenärrin. Bald ist für sie klar, dass Bianca als Geschenk in Kreiskys Villa in Heiligenstadt übersiedeln muss – „es konnte einem nichts Besseres passieren, als Hund bei Bruno Kreisky zu sein“, erinnert sich Tobisch.

Die große Liebe ihres Lebens ist Konrad Buschbeck. Der Schriftsteller und Chefdramaturg am Burgtheater ist verheiratet und 37 Jahre älter als die Schauspielerin. In jenem Jahr, als die Schülerin von Raoul Aslan 19-jährig ihr Debüt am Burgtheater als blumenstreuendes Mädchen in „Sappho“ gibt, lernt sie ihn kennen. Die Beziehung erregt in der Gesellschaft heftiges Aufsehen, *tout Vienne* ist schockiert. Auch für die k. u. k. Patrizierfamilie Tobisch-Labotýn, deren Wurzeln sich bis in das Jahr 1229 zurückverfolgen lassen, ist der Skandal kaum zu erdulden. Die wilde Liaison dauert elf Jahre. 1960 stirbt Konrad Buschbeck. Lotte Tobisch ist erst 34 Jahre alt. Danach lebt sie bis zu seinem tragischen Alzheimer-Ende mit Michael Simon, dem israelischen Botschafter in Wien, zusammen.

Während einer Demonstration prügelt sich Lotte Tobisch mit einem Neonazi, engagiert sich ein Leben lang gegen den Nationalsozialismus. Und erinnert sich in einem Interview: „Ich war nirgends dabei. Ich musste mich zum Bund Deutscher Mädel anmelden, ich bin aber nicht hingegangen ... Ich habe noch immer die Briefe von einer Schulkollegin, die sehr lieb war und mir damals geschrieben hat: ‚Ich weiß, du bist anderer Ansicht, aber glaube mir, der Führer, der bringt das zu Ende.‘ Sie hat es nicht böse gemeint und mich offensichtlich nicht angezeigt. Das war mein Glück …“

Obwohl die Kettenraucherin nicht gern tanzt, keinen Alkohol trinkt, Small Talk und die Bussi-Bussi-Gesellschaft verabscheut, organisiert Lotte Tobisch zwischen 1981 und 1996 den Wiener Ball der Bälle: „Der Opernball ist im Grunde ein Faschingsfest. Und die Kostüme dieses Faschings sind der Frack und das lange Abendkleid. Unter einem Dach tanzen mehr als 5000 Gäste – 5000 feine Leute gibt es auf der ganzen Welt nicht. Die Gesellschaft ist immer eine total gemischte, von Diktatoren, Fürsten bis zu den größten Gaunern, nur alle verkleidet. Das erinnert mich an das Zitat von Arthur Schnitzler: ‚Wir spielen immer, wer es weiß, ist klug.‘“

–

„Die Menschen gewöhnen sich an alles, sogar wenn man ihnen die Wahrheit sagt.“

–

Über einen Opernball-Stammgast, den Baumeister Richard Lugner, sagt sie nach 15 Jahren nicht immer friktionsfreier Opernball-Organisation, er sei „ein Wurschtel, und einen Wurschtel muss der Opernball aushalten. Zumindest hat er immer seine Loge rechtzeitig bestellt und bezahlt."

Lotte Tobisch führt ein aufregendes Leben. Sie ist künstlerische Betriebsrätin am Burgtheater, Präsidentin des Vereins „Künstler helfen Künstlern", engagiert sich voller Verve für die Österreichische Alzheimer-Gesellschaft, beginnt im Alter von 90 Jahren im Magazin *News* als Kolumnistin und in den Jahren vor ihrem Tod erscheinen noch drei Bücher wie „Alter ist nichts für Phantasielose" mit Anekdoten und autobiografischen Erinnerungen.

Es wäre nicht Lotte Tobisch, wenn ihr nicht zumindest zwei Zitate zum Leben danach einfielen. Von Heine: „Gott wird mir verzeihen, das ist sein Geschäft." Und von Johann Nestroy: „Es ist noch jeder gestorben, also werd' ich es auch überleben."

LEBENSLINIEN LOTTE TOBISCH

- 1926 *Geburt*. 28. März in Wien.
- 1943 *Schauspielunterricht* bei Raoul Aslan.
- 1945 *Theaterdebüt* am Burgtheater im Ronacher.
- 1955 *Anti-Hitler-Film*. Als Eva Braun in „Der letzte Akt".
- 1981 *Beginn* der Organisation des Wiener Opernballs.
- 2019 *Tod*. 19. Oktober in Baden bei Wien.

DER VIOLETTE LÖWE H. PROHASKA
AUCH BEI AS-ROM 2021
P.S. Wien N. 7.32 P. Sengl 21
P. SENGL 2021

Geniales Ballgefühl im Mittelfeld

Ein Leben für den Fußball: vom Simmeringer „Käfig-Kicker“ an die Spitze der Sportwelt. **Herbert Prohaska**, „Österreichs Fußballer des 20. Jahrhunderts“, überrascht im Fernsehen mit simplen, prägnanten – grammatikalisch oft eigenwilligen – Analysen.

Mit seinem ersten Taschengeld geht Herbert Prohaska in ein Übersetzungsbüro. Man soll seinen Autogrammwunsch an sein Idol Pelé ins Portugiesische übersetzen. Eine Antwort aus Brasilien kommt nie. Kein Wunder: „Ich hab' ja 50 Bilder ins Kuvert gesteckt, die Pelé unterschreiben hätte sollen.“

Herbert, der ehemalige „Käfig Kicker“, später zu „Österreichs Fußballer des 20. Jahrhunderts“ gekürt, wächst in Wien-Simmering, in der Hasenleiten, auf. Papa Alfred ist Hilfsarbeiter, fährt mit der ersten Tramway zur Arbeit, schleppt den ganzen Tag schwere Metallteile. Mama Leopoldine arbeitet zunächst in einer Spinnerei, danach als Bedienerin. Gemeinsam mit dem Großvater leben die Prohaskas in einer Zwei-Zimmer-Wohnung ohne Fernseher, Telefon und Warmwasser, aber Schimmel an den Wänden. Bis zu seinem zwölften Lebensjahr schläft der Bub in der Mitte des Bettes seiner Eltern. Dennoch ist er „das glücklichste Kind, das man sich vorstellen kann. Urlaub gab es nicht, das war mir sehr recht, weil ich sowieso nur eines wollte – Fußball spielen.“

Bei seinem ersten Verein Vorwärts XI ist Herberts Vater Nachwuchstrainer. Sein neunjähriger Sohn darf noch nicht Meisterschaft spielen, erst ab zehn Jahren. Daher spielt er mit dem Spielerpass eines Buben mit dem Namen Mikolasch – der auf dem Foto eine Kappe trägt. Die Kopfbedeckung soll Schneckerls Lockenpracht bedecken. Doch bald erkennt man Herbert. Sein Ballgefühl in den Simmeringer „Käfigen“, den Keimzellen der Talente, ist zu bekannt. Oft kommt er blutverschmiert nach Hause. Der Vater empfängt ihn: „Wenn du weinst, spielst du morgen nicht mehr mit.“

Papa Prohaska ist überzeugt: „Fußballer ist kein Beruf. Lern' zuerst was G'scheites, dann kannst' spielen.“ Herbert beginnt eine Lehre als Automechaniker auf der Simmeringer Hauptstraße, verdient 800 – bei der Austria mit 17 bereits 7000 Schilling. Dem Vater zuliebe tritt er zur Gesellenprüfung an und kommt irgendwie durch. Doch bald wird das Hobby Fußball zum Beruf. 1972 startet Prohaska seine Profikarriere bei Austria Wien, wird vierfacher Meister und dreifacher Cupsieger. Acht Jahre später wechselt er zu Inter Mailand und gewinnt im zweiten Jahr mit den Nerazurri, den Schwarz-Blauen, den italienischen Cup. Danach gelingt ihm gleich in der ersten Saison mit AS Roma der Gewinn der italienischen Meisterschaft. Später folgt die Rückkehr zur Wiener Austria und er gewinnt drei weitere Meistertitel. 1989 beendet Prohaska, der 789 Partien in der Austria-Dress mit der Nummer 8 absolviert und bereits im Alter von 19 Jahren im Nationalteam debütiert, seine Spielerkarriere.

Sechs Jahre lang ist er Nationaltrainer, als der er 1993 dem „Wödmasta" Ernst Happel folgt. Es ist eine Zeit wie auf der Hochschaubahn: Prohaska formt eine Mannschaft, die 1998 zur Weltmeisterschaft nach Frankreich fährt. In der FIFA-Weltrangliste schafft es Österreich auf Platz 17. Dem Höhenflug folgt das Debakel von Valencia: 0:9 gegen Spanien. Nach der historischen Niederlage tritt Herbert Prohaska als Teamchef zurück. Bei der WM 1978 werden die Fußballer teilweise mit Videorekordern und Fernsehern bezahlt. Heute verdienen Messi oder Ronaldo jährlich mehr als 100 Millionen Euro. Herbert Prohaska gibt unumwunden zu: „Vom Sportlichen und Finanziellen her würde ich viel lieber heute spielen als damals …" Wer beim 100-Jahre-Austria-Jubiläumsspiel vor zehn Jahren gegen eine Weltauswahl um Figo und Ronaldo seine präzisen Hereingaben sieht, ist überzeugt davon, dass der geniale Mittelfeld-Regisseur auch heute noch seinen Weg als Weltfußballer machen würde.

Gern erinnert er sich an seine Zeit in Italien. Auch an sein Mailänder Stammlokal. Eines Abends sitzt Adriano Celentano am Nachbartisch. Prohaska verzichtet darauf, den Schlagerstar zu behelligen. Doch der Kellner kommt an den Tisch und sagt: „Scusi, signore Prohaska, haben Sie ein Foto dabei, Herr Celentano hätte so gern ein Autogramm von Ihnen."

Der Familienmensch Prohaska – stolz auf vier Enkel – ist langjähriger Stammgast beim „Sodoma", dem Gansl- und Grammelknödel-Paradies in Tulln. Mit dabei sind immer seine Frau Elisabeth, die Töchter Birgit und Barbara sowie die 92-jährige Schwiegermutter.

Seit mehr als 20 Jahren erklärt er im Fernsehen simpel, prägnant und – mitunter grammatikalisch eigenwillig – Fußball. Nach dem Sieg seines Favoriten Italien im WM-Finale 2006 lässt sich Prohaska vor laufenden Kameras publikumswirksam seinen Schnauzbart abrasieren.

–

„Wir haben uns ganz gut aus der Atmosphäre gezogen."

–

Wolfgang Winheim, seit 57 Jahren legendärer *Kurier*-Sportjournalist, fällt Prohaska vor über 50 Jahren beim Wiener Liga-Klub Ostbahn XI auf, „als er mich schwindlig gespielt hatte. Ich war damals nur eines von vielen Opfern für ihn … Ein einziges Mal habe ich Schneckerl schmähstad erlebt. 1978 in Cordoba, als er nach dem 1:5 gegen die Niederlande zu seiner WM-Kolumne nur Tränen beitrug. Selbst 1999 nach dem 0:9 hat er bald wieder Worte gefunden. Auf dem Spielfeld hingegen konnte Prohaska nichts in Verlegenheit bringen. Genüsslich machte er international gefürchtete Abwehrrecken zur Schneck'n. Mit langen, raumgreifenden Schritten und kurzen Haken. Erst als Austria-Trainer bzw. als Teamchef musste er Haare lassen. Von seinem Nachfolger Otto Baric und anderen Trainer*freunden* wurde schon lang vor dem 0:9 via Medien immer wieder an seinem Teamchef-Stuhl gesägt. Die Erinnerungen daran sind sicher ein Mitgrund, weshalb die Kritik des ORF-Analytikers Prohaska an dem jeweils aktuellen Teamchef oft sehr milde ausfällt. Und fair mit fad gleichgesetzt wird. Ski-Kanone war Schneckerl keine. Stilistisch erinnerte seine Brettlrutscherei eher an den 13er-Autobus. Seine Duelle mit Andi Ogris oder Ernst Baumeister um den letzten Platz waren im Zillertal Tradition."

LEBENSLINIEN HERBERT PROHASKA

- 1955 *Geburt.* 8. August in Wien.
- 1970 *Beginn* der Fußballkarriere beim SC Ostbahn XI.
- 1972 *Aufnahme* in den Profikader des FK Austria Wien.
- 1977 *„Spitz von Izmir“*. Österreich erreicht die WM-Endrunde.
- 1989 *Rücktritt* als Fußballer.
- 1993 *Trainer* der österreichischen Nationalmannschaft bis 1999.

ARNOLD SCHW. ALS
DOPPELSTEIRISCH PANTHER
2020
P.Sengl 20

Monument des amerikanischen Traums

Hunger nach Erfolg als Treibstoff für eine der schillerndsten Persönlichkeiten der Welt. Einen König des Selbstvertrauens. **Arnold Schwarzenegger** schafft eine einzigartige Karriere: vom Bodybuilder und Actionfilm-Star zum Gouverneur von Kalifornien.

Im Herbst 1968 landet ein 21-jähriger Steirer in Amerika: „Ich trage eine zerknitterte braune Hose, klobige Schuhe und ein billiges Hemd … Ich sehe aus wie ein Flüchtling, ich kann nur ein paar Sätze Englisch und habe kein Geld – aber auf meinem Gesicht liegt ein breites Grinsen", berichtet Arnold Schwarzenegger 44 Jahre später in seinen Memoiren.

Er entwickelt sich zu einer der schillerndsten Persönlichkeiten der Welt – fernab von einem „normalen Leben". Als Bodybuilder wird er siebenmal zum „Mister Olympia", fünfmal zum „Mister Universum" gekürt, ist einer der bestbezahlten Filmstars Hollywoods, der nebenbei mit Immobilien und einer Fast-Food-Kette Millionen verdient. Zwischen 2003 und 2011 ist der ehemalige Action-Held republikanischer Gouverneur von Kalifornien: Der „Governator" erzielt Erfolge in der Klimapolitik, kämpft aber auch mit Budgetkrisen.

Geboren wird der zukünftige Herkules als zweiter Sohn eines Gendarmen im steirischen Dorf Thal: „Es gab keinen Kühlschrank, keine Toilettenspülung, keinen Arzt – nur ein Radio", erzählt er später. Früh ist Amerika sein Sehnsuchtsort. Immer wieder versinkt er nachmittags im Dunkel des acht Kilometer entfernten Grazer Rechbauer-Kinos, um sein Idol John Wayne zu bewundern.

Als Teenager sucht sich Arnold eine Sportart aus, über die man damals nur lacht: Bodybuilding. In der Athletik Union Graz beginnt er, an seinem Körper zu arbeiten. 1965 gewinnt er in Stuttgart als bestgebauter Athlet seinen ersten großen Wettbewerb. Bald danach landet er in London im legendären Studio des Bodybuilders Wag Bennett – der das Potenzial des späteren „Mr. Olympia" sofort erkennt und ihn auch in seiner Familie aufnimmt.

Josef *Joe* Weider, ein Pionier des Kraftsports, hört von Schwarzenegger und holt ihn nach Amerika. Bald ist er einer der *First Mover* des „Muscle Beach", dem Sehnsuchtsort der Muskelmänner. Körperkult dominiert seine Zeit in Los Angeles, am Strand von Venice: „Ich fühlte mich wie Leonardo da Vinci. Ich war ein Bildhauer, meine Skulptur war der Körper. Ich wurde wie eine männliche Raquel Welch behandelt – ich liebte es."

Als er 1980 das professionelle Bodybuilding beendet, beginnt eine der erfolgreichsten Karrieren der Actionfilm-Geschichte: Weil niemand in der Lage ist, Schwarzenegger auszusprechen, nennt er sich in seinen ersten Filmen noch Arnold Strong. Er wird zum „Terminator", schlägt sich 1982 schwertschwingend als „Conan der Barbar" durch eine archaische Welt voller grausamer Krieger, Hexen und Dämonen. „Hasta la vista, Baby" wird zu seiner unsterblichen Trademark. Gemeinsam mit Sylvester Stallone gestaltet er die patriotischen 1980er-Jahre des Ronald Reagan mit.

1986 heiratete der Republikaner die Nichte von John F. Kennedy, die demokratische Journalistin und Bestsellerautorin Maria Shriver, mit der er vier Kinder hat. 2011 erfolgt die Trennung des einstigen Vorzeigepaares: Shriver erfährt – am Tag nachdem ihr Mann aus dem Gouverneursamt scheidet und sie ihn bei einer Paartherapeutin zur Rede stellt – nicht nur, dass er sie mit der Haushälterin Mildred betrügt, sondern mit ihr auch einen Sohn hat. Und seine Ehefrau muss auch feststellen, dass die Hausangestellte zur selben Zeit schwanger ist, als sie selbst ihr viertes Kind Christopher erwartet.

Durch sein außergewöhnliches Leben ist Arnie für viele ein Beispiel dafür, als Einwanderer den amerikanischen Traum verwirklicht zu haben. Dazu passt sein Satz: „Geld macht nicht glücklich. Ich habe jetzt 50 Millionen Dollar, aber ich war genauso glücklich mit 48 Millionen."

Hunger nach Erfolg als Treibstoff für eine einzigartige Karriere. Für einen König des Selbstvertrauens. Mit simplen Strategien reüssiert der steirische Auswanderer schon früh und gibt sie gern seinen Fans weiter: „Denk nicht zu viel nach. Wenn man unaufhörlich nachdenkt, kann der Geist sich nicht erholen. Wenn man nicht immer alles analysiert, schüttelt man den ganzen Müll ab, der einen belastet und niederdrückt."
Die Fähigkeit, sich zu verkaufen, ist für ihn extrem wichtig: „Man kann die beste Arbeit abliefern, doch wenn die Leute nichts davon erfahren, war alles umsonst", ist er schon lange vor der Social-Media-Macht überzeugt. Am Beginn seiner Karriere präsentiert Schwarzenegger – nackt bis auf einen Posingslip – in der Münchner Innenstadt seine Muskeln. Zuvor bittet er einen Freund, ein paar Journalisten davon zu informieren – am nächsten Tag findet man den Österreicher, der Mister Universum werden will, in allen Zeitungen.

–

„Das Schlimmste, das mir passieren kann, ist so zu sein wie alle anderen. Ich hasse das."

–

Sein Leben ist vielschichtig: Für den Kampf gegen Klimasünden und sein karitatives Engagement wird er mehrfach ausgezeichnet. Und immer wieder wendet er sich extrem emotional an die Öffentlichkeit: Wenn er in Videobotschaften dazu auffordert, sich gegen Covid-19 impfen zu lassen, oder zuletzt, als er den Sturm des Mobs auf das Kapitol mit den Nazi-Pogromen vergleicht. Und der stolze Republikaner lässt keinen Zweifel daran, das völlige Gegenteil von Donald Trump – dem „schlechtesten Präsidenten aller Zeiten" – sein zu wollen.

Nach dem Ende seiner politischen Karriere reist er weiterhin wie ein Getriebener rastlos um die Welt. Als Klimaaktivist. Und man sieht ihn wieder im Kino, in einer Gastrolle im Action-Streifen „The Expendables“ neben Sylvester Stallone. Auch in der Streaming-Ära will man auf den ehemaligen Hollywood-Star nicht verzichten: Erstmals wird der 73-Jährige mit angeborenem Herzfehler und mehreren Operationen am Herzen – zuletzt vor vier Monaten – in seiner langen Filmkarriere als Serienheld zu sehen sein: als Spion für Netflix, der weltweit Bösewichte jagt.
Das Altern sei für ihn schwieriger als für andere, resümiert er: „Es gibt nicht viele, die wie ich vor dem Spiegel stehen und sagen: ‚Du warst mal Mister Universum. Schau dich an. Wo ist der geblieben …?‘“

LEBENSLINIEN ARNOLD SCHWARZENEGGER

- 1947 *Geburt.* 30. Juli in Thal/Steiermark.
- 1967 *Mister Universum.* Jüngster Bodybuilding-Weltmeister.
- 1969 *Erste Hauptrolle* in „Hercules in New York“.
- 1982 *Internationaler Durchbruch* mit „Conan der Barbar“.
- 1990 *Teuerste Produktion* der Filmgeschichte: „Total Recall“.
- 2003 *Vereidigung* zum 38. Gouverneur des Bundesstaates Kalifornien.

HANS-JEAN JULIEN MOSER MOSS
IN SEINEM VORIGEN LEBEN EINE
REBLAUS GWESEN SEIN 2021
P.S. WIEN N.7.32
P. SENGL 21
P. SENGL 2021

„Schauspieler – mit der Stimm' und Figur?“

Der misanthropische Menschendarsteller dringt im Theater mit tiefem Einfühlungsvermögen in die Psyche der von ihm gespielten Schicksale ein. Erst mit 50 Jahren wird der Volksschauspieler **Hans Moser** zum umjubelten Filmliebling. Dank Willi Forst.

Aufruhr im Theater in der Josefstadt: Als vor über 60 Jahren der Darsteller des trinkfreudigen Schusters Pfrim in Nestroys „Höllenangst“ nicht da ist, ruft man in der Hietzinger Villa des Schauspielers an. Der 81-Jährige hebt ab und nuschelt „Jessasmaria, i hab vergessen, dass heut' Vorstellung is', i kumm sofort.“ Mehr als 550 Zuschauer verharren geduldig eine Stunde, bis der schweißgebadete Hans Moser im Theater eintrifft. „Wo waren Sie so lang?“, fragt der Inspizient. „I kann ja nix dafür, dass es so lang dauert hat, die Tramway is' nicht und nicht daherkommen.“ Ein Taxi wäre für den sparsamen Schauspieler – manche Kollegen sehen ihn als notorischen Schnorrer – nicht infrage gekommen …

In einer der Kisten des Moser-Nachlasses findet Biograf Georg Markus einen weiteren Hinweis auf die manische Sparsamkeit: In einem Brief an die Wiener Erzdiözese ersucht Moser 1960 um „Erlass der Kirchensteuer“, weil er „seit zwei Jahren nichts verdiente – weder beim Film noch am Theater“. Dabei dreht er in jenem Zeitraum sieben Filme, darunter den Kassenschlager „Hallo Taxi“ und „Die schöne Lügnerin“ mit Romy Schneider. Für den Film „Hallo Dienstmann“ erhält er bereits 1951 die Traumgage von 200 000 Schilling. Als einer der bestbezahlten Filmschauspieler seiner Zeit hinterlässt er später ein Millionenvermögen.

Seine Komik ist von Tragik und echtem Tiefgang durchwachsen. Ist Ausdruck von Demütigungen der Dienstmädchen und Dienstmänner: Hans Moser erzeugt mit seinem Humor eine Art Widerstand der „kleinen Leute“, fahrig-nervös kämpft er um ihre Rechte, um ihre Würde. Der misanthropische Nuschler dringt mit tiefem Einfühlungsvermögen in die Psyche der von ihm gespielten Schicksale ein. Denn *der Moser* ist nicht nur Komödiant.

Für Theatermagier Max Reinhardt, der ihn entdeckt und immer wieder in Salzburg, Berlin, Wien engagiert und 1927 auf Tournee nach Amerika mitnimmt, ist Hans Moser ein „Wahr-Spieler“, für seinen Lieblingspartner Paul Hörbiger ein „Genie“. Für Senta Berger ist er ihr „größter Lehrmeister“ und für Oscar-Preisträger Christoph Waltz verkörpert er die „Wahrheit und Ernsthaftigkeit des Schauspielers“.

Man erlebt den nur 1,58 Meter großen „Chaplin Europas“ – ständig um seine eigene Achse wirbelnd, mit den Händen wie ein Ertrinkender rudernd –, oft grantig und trotzdem liebenswert, als Figur aus dem Volk. Als alter Ober, kauziger Kanzleidiener oder in seiner Paraderolle als ausgemergelter Dienstmann, der „Fliagn kann i net“ nuschelt. Durch fast 150 Filme, während der NS-Zeit oft extrem kitschig und verlogen, ist Hans Moser populär wie kein anderer. Anbiederungen hasst er – wenn ihn beim Heurigen die Leute als „Reblaus“ identifizieren. Als einmal ein Betrunkener nicht aufhört, ihm ins Ohr zu grölen, „ I muaß im frühern Leben a Reblaus g'wesn sein“, ruft Moser wütend: „Was Sie in Ihrem früheren Leben waren, weiß ich nicht. Im jetzigen sind S' a Aff!“

Auf einem Faschingsfest gibt es einen Wettbewerb für die beste Hans-Moser-Kopie. Maskiert tritt er auch selbst auf. Und wird nur Dritter. Als Moser die Maske lüftet, ist die Jury über ihre Fehlentscheidung betroffen. Listig blinzelnd lacht er: „Im Kopieren war i immer schwach. Dass i aber den Moser auch net' mehr treff' … mein Gott, was wird der dazu sagen?“

Immer wieder wird in Anekdoten über seinen Geiz erzählt, wie er mit einem Hund nicht nur die Leinwand, sondern auch den Wurstzipfel teilt oder mit seiner Frau im Gasthaus ein kleines Gulasch, aber zwei Teller und fünf Semmeln bestellt. Oder als er einem Kollegen in der Theatergarderobe das Du-Wort anbietet: „Sehr gern, eine große Ehre für mich, wann soll es denn so weit sein?“ „Am besten gleich“, antwortet Moser, „da ersparen wir uns den Wein fürs Bruderschaft-Trinken.“

Hans Moser, den als Johann Julier geborenen Sohn einer Milchfrau am Wiener Naschmarkt, drängt es nach der Handelsschule zur Bühne. Sein Vater Franz, ein Bildhauer, meint: „Schauspieler willst werden – mit der Stimm' und der Figur?“ Zuvor bestehen die Eltern darauf, dass der Bub was Anständiges lernen muss. Als Lehrling in einer Leopoldstädter Lederhandlung beobachtet er schon früh die Gesten der Kundschaft, während der Mittagspause schlendert er auf der Praterstraße – „ein Theater für sich“, wie er später sagt – auf und ab, um das Verhalten, die Dialekte der aus allen Teilen der Monarchie nach Wien eingewanderten Menschen aufzusaugen.

–

„Kunst hört auf, Kunst zu sein, wenn sie nichts anderes ist als interessant. Kunst soll uns erfreuen, soll uns erschüttern.“

–

Über Gasthausbühnen und „Schmierentheater“ in der Provinz, wo er Kulissen schieben, Kostüme noch selbst mitbringen, Programmzettel austragen muss, und das Kabarett, wo er aus Geldnot manchmal drei Auftritte in verschiedenen Varietés absolviert, landet Moser erst nach entbehrungsreichen Jahrzehnten als 42-Jähriger im Theater. Erst als über 50-Jähriger wird er auch zum umjubelten Filmliebling. Dank Willi Forst, der seine Begabung erkennt.

Mosers Frau Blanca, die er in Teplitz-Schönau kennenlernt und 1911 heiratet, wird von den Nationalsozialisten verfolgt. Am 24. Oktober 1938 schreibt Hans Moser Hitler einen Brief. Er bittet ihn „inständigst, meiner Gattin die für Juden geltenden Sonderbestimmungen gnadenweise zu erlassen", und erhält keine Antwort. Er erkennt, dass seine Frau in Lebensgefahr ist, und bringt sie nach Budapest. Jahrelang ist er von ihr getrennt. Als gefeierter Publikumsliebling. Voller Angst um seine Frau, einsam und unglücklich.

Im Juni 1964 pilgern mehr als 5000 Menschen zum Zentralfriedhof, um dem Sarg des populärsten Schauspielers Österreichs zu folgen. Die Witwe steht neben Paul Hörbiger und Paula Wessely am Ehrengrab. Nur Mosers Tochter Grete, nach Argentinien emigriert, fehlt: Die Mutter informiert sie wegen Erbschaftsstreitigkeiten nicht vom Ableben ihres Vaters.

LEBENSLINIEN HANS MOSER

- 1880 *Geburt.* 6. August in Wien als Johann Julier.
- 1897 *Auftritte* an diversen Provinzbühnen unter dem Künstlernamen „Hans Moser".
- 1902 *Erstes Engagement* im Theater an der Josefstadt.
- 1918 *Erste Filmrolle* im Stummfilm „Das Baby".
- 1930 *Beginn* einer einzigartigen Filmkarriere.
- 1964 *Tod.* 19. Juni in Wien.

ROBERT STOLZ EINZI-GARTIG
IM WIENER PRATER 2021
P.S. Wien N.7.32 P. Sengl 21
P. SENGL 2021

Die Welt ist nicht immer himmelblau

Die unvergesslichen Melodien des Komponisten und Dirigenten **Robert Stolz** werden weltweit aufgeführt und erleben ein Revival. Seine Lieder wollen gute Laune garantieren. Manch tragische Details aus dem Leben des „Königs der Operette" weiß man kaum.

„Als die Flugmaschine mich mit meiner Frau auf dem Tullnerfeld absetzte, schien sie dies im Dreivierteltakt zu tun, so wie die Motoren die letzte halbe Stunde des Fluges New York–Wien für mich schon im Walzertakt gesungen hatten." Der Komponist Robert Stolz berichtet 1946 über seine Rückkehr nach Wien. In die Stadt, die für ihn noch immer sein „Märchenbuch mit tausend Bildern von Musik, Schönheit, Tanz und Kunst" ist – auch wenn „durch den Krieg manch schönes Blatt herausgerissen wurde".

Am Flugplatz wartet, wie publikumswirksam in einer Operette inszeniert, der Sänger Franz Schier mit seinen Schrammeln, um den Robert-Stolz-Evergreen „Servus, Du" zu intonieren. (So einfühlsam wie später Michael Heltau hat das Nachkriegs-Wienerlied-Idol Schier-Franzl das Lied sicherlich nicht gesungen.) Danach trinkt man das eine oder andere Glas Rosengartl-Wein. Bald bittet Bundespräsident Karl Renner den aus Amerika zurückgekehrten „musikalischen Botschafter Österreichs" zum Tee und freut sich zu hören, dass Robert Stolz in New York und auf Konzerttourneen quer durch Amerika Operetten-Klassiker wie „Die Fledermaus" oder „Der Zigeunerbaron" dirigiert und „den Ruhm der Wiener Musik drüben vergrößerte", wie der Präsident beim feierlichen Tee-Nachmittag bemerkt. Als Dank wird Stolz zum Ehrenbürger der Stadt Wien ernannt und darf auch den Titel Professor tragen.

Heute, mehr als ein dreiviertel Jahrhundert später, gibt es zwischen Schillerplatz und Opernring den Robert-Stolz-Platz und im Kaisergarten in der Nähe des Riesenrads ein Denkmal für den Komponisten des Wienerlied-Klassikers „Im Prater blüh'n wieder die Bäume".

Und auch in seiner Heimatstadt Graz hat man sich nach mehreren Anläufen entschlossen, für Robert Stolz um 3,4 Millionen Euro ein Museum zu errichten. Lange ist er im kollektiven Gedächtnis der Stadt vergessen, jetzt wird die Erinnerungsstätte für den „König der Melodien" in ein GGZ (Geriatrischen Gesundheitszentren der Stadt Graz) -Pflegeheim integriert. Bei Kipferl und Melange werden dann die Grazer Seniorinnen und Senioren wehmütig an Liebeleien und

Romanzen ihrer Jugend erinnert. Mit unvergesslichen Melodien wie „Die ganze Welt ist himmelblau“ oder „Zwei Herzen im Dreivierteltakt“ …

Robert wird 1880 als zwölftes Kind des Komponisten und Musikdirektors Jakob Stolz, der in Graz ein international angesehenes Musikkonservatorium aufbaut, geboren. Seine Frau Ida, eine gefeierte Konzertpianistin, gibt ihrem Sohn die erste musikalische Ausbildung. Bereits im Alter von 17 Jahren wird Robert Stolz als Korrepetitor am Grazer Stadttheater engagiert. 1905 folgt der Ruf nach Wien, er ist dort mehr als zehn Jahre lang musikalischer Leiter am Theater an der Wien. Bald ist Robert Stolz der Stardirigent des „Silbernen Zeitalters der Wiener Operette“ – dank ihm feiert sie neue Triumphe.

Sein Versuch, sich mit einem eigenen Musiktheater selbstständig zu machen, scheitert an den immensen Kosten behördlicher Auflagen. Stolz geht 1924 nach Berlin, wo ein Jahr später im „Kabarett der Komiker“ seine Operette „Märchen im Schnee“ uraufgeführt wird. Doch bald zieht es ihn wieder nach Wien. Er schreibt Bühnenwerke mit vielversprechenden Titeln wie „Wiener Busserln“, „Zwei Herzen im Dreivierteltakt“ oder „Der süßeste Schwindel der Welt“. Rastlos verfasst Robert Stolz Chansons, Wienerlieder und Filmmusik, für die „Wiener Eisrevue“ als musikalischer Leiter 19 „Eis-Operetten“. Und 1960 dirigiert er beim Grand Prix Eurovision den österreichischen Beitrag „Du hast mich so fasziniert“. Bereits während des Amerika-Aufenthalts wird seine Filmmusik zweimal für den Oscar nominiert.

Kurz nach der Besetzung Österreichs flieht Robert Stolz als Gegner des Nationalsozialismus über Zürich nach Paris, von dort emigriert er mit seiner 32 Jahre jüngeren Frau Yvonne – die er 1939 in einem Pariser Café kennenlernt – über Genua nach New York. Liebevoll nennt Robert sie Einzi, sie ist nicht nur seine fünfte Ehefrau und Muse, sondern als einzigartiges Marketing-Genie auch seine Managerin. Gern lädt sie TV-Redakteure, Journalisten und Musikproduzenten in ihr Haus in der Himmelstraße ein. Da wird dann mitunter auch Kaviar aus dem Iran aufgetischt.

Bis dahin ist ihr Mann in finanziellen Dingen eher ungeschickt: Immer in Geldnot, verkauft er die Rechte seiner beliebtesten Lieder wie „Die ganze Welt ist himmelblau“ oder „Ob blond, ob braun, ich liebe alle Frau'n“ an Musikverlage, die Jahrzehnte davon leben.

–

„Wer sich über irgendetwas eine Minute lang ärgert, sollte bedenken, dass er dadurch 60 Sekunden Fröhlichkeit verliert.“

–

Manch tragische Details aus dem Leben des „Königs der Operette“ weiß man heute kaum: Nach der Machtergreifung der Nationalsozialisten in Deutschland schmuggelt er 1933 unter Lebensgefahr – im Fond seines Gräf und Stift SP 8 versteckt – Juden und politisch Verfolgte heimlich nach Österreich. Auf mehr als 20 Fahrten. Sicherheitshalber bemalt sein Chauffeur Braun die Luxus-Limousine mit einem Hakenkreuz. 1942 wird Robert Stolz aus dem Deutschen Reich ausgebürgert und sein Vermögen beschlagnahmt, nachdem er mehrmalige Angebote, „in Ehren" aus Amerika nach Deutschland zurückzukehren, ablehnt.

Kaum bekannt ist, dass Robert Stolz ein Leben lang unter Angstzuständen leidet. Auch Psychiater wie Julius Wagner-Jauregg und Sigmund Freud können ihm nicht helfen und vermuten, dass seine Ängste wie Klaustrophobie oder die ewigen Schlafstörungen Folgen einer schweren Tuberkulose im Alter von sechs Jahren sind.

Doch der Optimismus des Komponisten, der 2000 Lieder, 100 Filmmusiken und an die 60 Operetten hinterlässt, ist ein Leben lang grenzenlos: Im Alter von 90 Jahren schließt Robert Stolz eine neue Vereinbarung mit seiner Plattenfirma Ariola ab. Es ist ein Zehnjahresvertrag.

LEBENSLINIEN ROBERT STOLZ

- 1880 *Geburt*. 25. August in Graz.
- 1905 *Kapellmeister* am Theater an der Wien.
- 1913 *Erste Filmmusik* für „Der Millionenonkel".
- 1941 *Oscar-Nominierung* in der Kategorie „Bester Song" für „Waltzing in the Clouds".
- 1952 *Musikalischer Leiter* und Komponist der „Wiener Eisrevue".
- 1975 *Tod*. 27. Juni in Berlin.

HANS KRANKL CORDOBA-
KROKODILGEFÄHRLICH GOES
BARCELONA 2021
P.S. Wien N.7,32 P.Sengl 21
P.SENGL 2021

Das Leben in 90 Minuten

Nach seinen zwei Toren in Córdoba beim 3:2-Triumph gegen Deutschland wird er zum Volkshelden: **Hans Krankl**. Selbstvertrauen ist für den Goalgetter kein Fremdwort. Als schillernder Torjäger bleibt er eine Sportlegende. In Barcelona und Hütteldorf.

„Ein Tag ohne Fußball ist ein verlorener Tag“, ist nicht nur Ernst Happel überzeugt.

1953, In jenem Jahr, in dem es Elizabeth II. auf den Thron, Sir Edmund Hillary auf den Gipfel des Mount Everest und Marilyn Monroe auf das *Playboy*-Cover schaffen, kommt in Wien der Sohn eines Straßenbahners zur Welt. Hans Krankl. Sein Vater, 30 Jahre lang auch Schiedsrichter, erkennt als Erster sein Talent.

Ein Vierteljahrhundert später wechselt Hans Krankl von Rapid ins Paradies der Kicker, zum FC Barcelona – wo man Menschen, die Tore schießen, vergöttert wie Operntenöre. Bereits in der ersten Saison für Barca wird Krankl mit 29 Meisterschaftstoren spanischer Torschützenkönig und erhält die umkämpfte Pichichi-Trophäe.

Für kolportierte zwölf Millionen Schilling übersiedelt er aus Hütteldorf nach Barcelona. Ein bescheidener Betrag, wenn man den teuersten Transfer-Irrsinn der Fußballgeschichte betrachtet: Für den Wechsel vom früheren Krankl-Verein FC Barcelona zu Paris Saint Germain erhält der Brasilianer Neymar 222 Millionen. Euro, nicht Schilling.

Als die Hütteldorfer 1981 ihren Krankl vom FC Barcelona zurückholen, sind neun Millionen Schilling fällig. Um sich die Ablöse leisten zu können, wird der Krankl-Schilling eingeführt – ohne Murren zahlen die grün-weißen Fans einen Schilling mehr für das Ticket.

Selbstvertrauen hat er, der Torjäger, der Goleador, der Graue. Der Weltklassestürmer (Hans Krankls eigene Einschätzung). Manche seiner früheren Kicker-Kollegen sprechen von Egoismus, von übertriebenem Selbstbewusstsein. Wenn es nach ihm ginge, meinen sie, wäre er heute Bundespräsident, Bundeskanzler, Teamchef, Rapid-Trainer und selbst auch Mittelstürmer ... Und Hans Krankl sei ein schlechter Verlierer, der in seiner Wortwahl oft übers Ziel hinausschießt.

Auch das Verhältnis zu Journalisten ist nicht immer friktionsfrei. Dieter Chmelar erinnert sich in seinem Buch „Rapid – der Klub, der keinen kaltlässt“: „Als der Autor in die Rapid-Kabine vordringt, wird er höflich, aber sehr bestimmt zum Abmarsch aufgefordert. Draußen stehen zwei Buben. Zehn und zwölf Jahre alt. ‚Können S' uns bitte zum Krankl bringen? Wir wollen a Autogramm!' Zweiter Versuch des Autors in der Rapid-Kabine. Krankls Augen blitzen zunächst zornentbrannt, aber dann sind sie plötzlich in milden Glanz getaucht. Er sieht die beiden Buben. ‚Kommt's her.' Krankl gibt Autogramme. Auf die Jacke, ins Sammelheft, auf den Rapid-Polster, auf den Unterarm. Und so nebenbei macht der Autor sein Interview. Hans Krankl – der große Bub."

Der Goalgetter, dessen Idole James Dean und Clint Eastwood sind, ist als Familienmensch bekannt, seine Frau Inge und die drei Kinder bilden den Lebensmittelpunkt. Und er liebt, neben Film und Mode, Musik. Als „Nachtfalke" moderiert er auf Radio Wien Ende der 1990er-Jahre eine eigene Musiksendung.

Unter dem Pseudonym Johann K. – ursprünglich ist „Käpt'n Krankl" im Gespräch – veröffentlicht er mehrere Schallplatten. Und gilt als seltenes Beispiel eines erfolgreich singenden Sportlers: Stolz und selbstbewusst verkündet er „Am Elton John bin i jetzt a scho' vorbei", er liegt in der Ö3-Schlager-Hitparade auf Platz zwei. Mit der Cover-Version des Songs von Paul Anka „I'm just a lonely boy", von „Kottan"-Erfinder Helmut Zenker wienerisch umgeschrieben: „I bin heut' ganz alaa". In einem Spiegel-Interview bekennt Hans Krankl 1986: „Im Knabenchor war i nie, aber beim Heurigen hab' i immer gern g'sungen. Zu Hause hab' ich 3000 Langspielplatten. Vom Miles Davis bis zum Bruce Springsteen. Sogar Mozart mag i."

Faszination Fußball. Das Leben in 90 Minuten. Es können 5400 Sekunden für die Ewigkeit sein. Wie in Córdoba. Als 1978 Österreichs Kicker nach zwei Jahrzehnten wieder bei einer WM antreten. Und Hans Krankl Sportgeschichte schreibt: Mit seinem Volley ins lange Kreuzeck zum 2:1 gegen Deutschland und dem Solo zum 3:2 – nachdem er Goalie Maier düpiert und den Ball unter ihm ins Netz schiebt – schießt er in der 88. Minuten Österreich zur Sensation. Die Stimme des Radioreporters Edi Finger überschlägt sich, sein Aufschrei wird zum Fußball-Mythos: „Tooor, Tooor, Tooor … I wear narrisch!"

Seine Tore von Córdoba, den Sieg für die Ewigkeit, sieht Krankl selbstbewusst als „ein Stück Sportgeschichte, so wie Franz Klammers Olympiasieg oder Niki Laudas WM-Titel. Das passiert nur alle 50 Jahre, dass Österreich den Erzrivalen Deutschland schlägt – noch dazu bei einer WM, das wird niemals vergessen werden. Daran wird man sich noch erinnern, wenn ich nicht mehr lebe."

–

„Wir müssen gewinnen, alles andere ist primär."

–

Als Kultfigur des Sports ist der gelernte Mechaniker jedenfalls unumstritten: Auf der FC-Barcelona-Homepage findet man ihn in der Sektion „Legenden". Mit Rapid wird er viermal österreichischer Torschützen-König. 1978 wird er als bester Torschütze Europas mit dem „Goldenen Schuh" ausgezeichnet – mit 41 „Bummerln" in 36 Spielen. Obwohl er bei Fans und Funktionären immer wieder durch deftige Sprüche aneckt, kürt man ihn 1999 zum „Rapidler des Jahrhunderts".

Krankls Alter Ego, der Kabarettist und begnadete Imitator Alex Kristan: „Hans Krankl war schon in meiner Kindheit und Jugend als Nachwuchskicker der Inbegriff des Torjägers. Die Rückennummer 9 war bei uns Burschen immer die begehrteste. Jeder wollte wie er Mittelstürmer sein und Tore machen. Dass er als Österreicher beim großen FC Barcelona unter Vertrag stand, ist das eine, aber dass er in seiner ersten Saison auch Torschützenkönig der spanischen Liga wurde, sagt alles über seine Qualitäten als Stürmer aus! Als Parodist sind sein Charisma und sein Status als lebende Legende natürlich sowas wie eine Steilvorlage für mich."

LEBENSLINIEN HANS KRANKL

- 1953 *Geburt.* 14. Februar in Wien.
- 1977 *Rekord.* Sechs Tore beim 9:0 gegen Malta.
- 1978 *Legendär.* Fußball-WM in Córdoba, zwei Tore gegen Deutschland.
- 1978 *Goldener Schuh.* Bester Torschütze Europas mit 41 Treffern.
- 1979 *Europapokal* der Pokalsieger mit dem FC Barcelona.
- 1999 *Wahl* zum „Rapidler des Jahrhunderts".

JOHANNA DOHNAL WAR
EIN IDEALFALL 2021
P.S. Wien N.7.32
P. Sengl 2021 P.SENGL 21

Meisterin des kontrollierten Amoklaufs

Johanna Dohnal, die eloquente, unbequeme österreichische Vorkämpferin für Frauenrechte. Für ihre Gegner ist sie ein „feministisches Kampfross" – auch in der eigenen Partei erfährt die erste Frauenministerin immer wieder Hass, Häme und Widerstand.

Am Sonntag schlägt die Großmutter mit einem Fleischklopfer auf Geschirrtücher, damit es sich wie Schnitzelklopfen anhört. Die Nachbarn sollen nicht mitbekommen, dass kein Geld für Sonntagsschnitzerln da ist, schreibt Enkelin Johanna Dohnal später. Sie entstammt einer „Dynastie unehelicher Mütter" und wächst in der bescheidenen Penzinger Wohnung der Oma auf, weil ihre Mutter an Tuberkulose leidet.

Die von vielen gehasste zähe Pionierin der österreichischen Frauenpolitik kommt als Johanna Aloisia Dietz im Februar 1939 mitten im Krieg zur Welt. Im Fasching, den die Nationalsozialisten in Wien mit „Großkampftagen des Vergnügens" zu feiern versuchen: Den „Volksgenossen wird unverfälschter deutscher Humor und übersprühende Heiterkeit zurückgegeben", der Fasching sei „nicht mehr durch fremdrassige Eindringlinge getrübt", stellt der *Völkische Beobachter* süffisant fest.

Hanni kann keine Mittelschule besuchen, weil kein Geld für die Schulgebühr da ist. Mit zwölf erlebt sie den ersten Maiaufmarsch. Bald schließt sie sich den „Kinderfreunden" an. Veranstaltungen der SJ, der Sozialistischen Jugend, verbietet ihr die resolute Großmutter – denn dort könnte geraucht werden. Später verschafft das geliebte *Dunhill*-Feuerzeug der Kettenraucherin Dohnal Momente der Entspannung.

Im Alter von 18 Jahren heiratet sie nach ihrer Lehre als Industriekaufmann den Chauffeur Franz Dohnal – „es war damals so, man hat verheiratet sein müssen. Ich wollte so sein wie die anderen", sagt sie später. Mit ihrem Mann und zwei Kindern lebt sie in einer 48m²-Gemeindewohnung. Die Ehe dauert fast 20 Jahre.

Der Kampf um die Fristenregelung sensibilisiert Johanna Dohnal für Frauenanliegen. 1973 wird sie Wiener Gemeinderätin, setzt sich vor allem für die Ausweitung der Sozialdienste und Sexualaufklärung in den Schulen ein. Und sie initiiert das im Winter 1978 eröffnete erste Wiener Frauenhaus.

Ihre Ideen werden in scharfen Kontroversen immer wieder infrage gestellt. Ihre Gegner beschimpfen die eloquente, energische Frau als Mannweib, als feministisches Kampfross, sie sei eine Meisterin des kontrollierten Amoklaufs. Als die sie für elementare Frauenrechte wie die Fristenregelung, Chancengleichheit, Schutz vor Gewalt, mehr Kinderbetreuungsplätze und das gesetzliche Verbot sexueller Belästigung kämpft. Als Wiener SPÖ-Frauensekretärin organisiert Johanna Dohnal Selbstbewusstseins-Seminare für Hausfrauen und fährt später auch in die Provinz, um Bäuerinnen über ihre neuen Rechte zu informieren. Während jener Zeit, als Frauen noch den Vater oder Mann um Erlaubnis fragen müssen, ob sie arbeiten gehen dürfen.

–

„Die Vision des Feminismus ist nicht eine weibliche Zukunft. Es ist eine menschliche Zukunft. Ohne Rollenzwänge, ohne Macht- und Gewaltverhältnisse, ohne Männerbündelei und Weiblichkeitswahn."

–

Die sture Johanna Dohnal erfährt in der männerdominierten SPÖ immer wieder massiven Widerstand. Sozialminister Josef Hesoun, dessen spätere Grapsch-Affäre für heftige Diskussionen sorgt, nennt sie öffentlich Donald. In der Festsitzung zu 70 Jahren Frauenstimmrecht meint Dohnal 1989: „Mehr Frauen in der Politik bedeutet gleichzeitig weniger Männer. Und genau das ist der Grund und nichts anderes, warum die Steigerung des Frauenanteils in den gesetzgebenden Körperschaften während sieben Jahrzehnten so gering war."

1979 führt Bundeskanzler Bruno Kreisky – von öffentlicher Skepsis bis offener Häme begleitet – erstmals Frauenpolitik als eigenen politischen Bereich ein. „Bei der Todesstrafe und der Emanzipation der Frau darf man die Basis nicht fragen", ist Kreisky überzeugt, „denn die Basis ist primär reaktionär." Johanna Dohnal wird eine von vier Staatssekretärinnen, elf Jahre später unter Kanzler Franz Vranitzky erste österreichische Frauenministerin. 1995 verlässt sie die Regierung.

In einem *profil*-Interview mit Angelika Hager und Edith Meinhart schildert die lange Zeit kämpferische Feministin: „Ich bin vor meinem Ausscheiden aus der Regierung an meine physischen Grenzen gestoßen. Ich habe irgendwann gespürt, dass es in der Frauenpolitik zäh weitergeht und mir die Kraft ausgeht." In jener Zeit, als bei einer ÖGB-Diskussion eine Gewerkschafterin im Publikum noch meint, Frauen hätten „daham den Kölch" zu kochen.

Für Frauen sei der „vorgeblich sichere Hort der Familie ein sehr gefährlicher Platz: Das Ausmaß an tätlicher Gewalt im privaten Zusammenleben ist ein unvorstellbar großes", appelliert Dohnal bereits vor fast 30 Jahren anlässlich der Wiener UN-Menschenrechtskonferenz. Und kämpft für die Bestrafung der Vergewaltigung in der Ehe.

Immer wieder betont sie auch: „Frausein allein ist kein Programm." Sie kämpft um jeden Kompromiss, wenn es gilt, weibliche Rechte durchzusetzen. Manche im Gemeinderat, im Parlament oder in einem legendären „Club 2" stört ihr Sarkasmus, ihr zynisches Lachen. Für reaktionäre Männerbünde stellt Dohnal eine ständige Gefahr dar. Hass und Häme erfährt die Vorkämpferin für Frauenrechte unter drei Regierungschefs nicht nur von politischen Gegnern wie Jörg Haider, sondern auch von sozialdemokratischen Gewerkschaftern.

Am 22. Jänner 2010 verpartnert sich Johanna Dohnal mit ihrer Gefährtin, der Gemeinderätin Annemarie Aufreiter, mit der sie fast 30 Jahre lang zusammenlebt. Ihre Beziehung bekennt sie nie öffentlich. Kaum ein Monat nach der Verpartnerung stirbt Dohnal in ihrem Haus im Weinviertel.

Auf Initiative ihrer Lebensgefährtin Aufreiter gestaltet die „Tatort"- und „Vorstadtweiber"-Regisseurin Sabine Derflinger den bewegenden Dokumentarfilm „Die Dohnal", der zehn Jahre nach ihrem Tod bei der Viennale-Premiere umjubelt wird. Es ist für die Filmemacherin ein weiter, aber gelungener Weg von den frustrierten Fernseh-Vorstadtweibern auf High Heels zwischen Sex und Intrigen zur Amazone der österreichischen Frauenpolitik.

LEBENSLINIEN JOHANNA DOHNAL

- 1939 *Geburt.* 14. Februar in Wien.
- 1978 *Mitbegründerin* des ersten Wiener Frauenhauses.
- 1979 *Staatssekretärin für Frauenfragen* in der Bundesregierung Kreisky IV.
- 1990 *Erste Frauenministerin* Österreichs.
- 2005 *Auszeichnung* als „Bürgerin der Stadt Wien".
- 2010 *Tod.* 20. Februar in Grabern/Weinviertel.

FÜR WIDDERGEBORENEM JOCHEN RINDT
HOLT NINA DEN WM. POKAL 2021
P.S. Wien N.7.32
P. Seng L 21
P. SENGL 2021

James Dean der Formel 1

Jochen Rindt liebt das volle Risiko – am Ende zu sehr. Vor mehr als 50 Jahren endet in den Leitplanken von Monza der Aufstieg des Formel-1-Piloten. Das Charisma des ersten Weltmeisters, der seine Trophäe posthum erhält, fasziniert bis heute.

„Autorennen sind wie Stierkämpfe", urteilt der fünfmalige Weltmeister Juan Manuel Fangio nach dem tödlichen Unfall von Jochen Rindt. „Je mehr Blut fließt, desto mehr Menschen kommen und schauen zu."

Am 5. September 1970 verlässt den Rennfahrer, der zum Mythos wird, das Glück. Beim Training auf dem Monza-Motodrom stirbt er: In der gefürchteten Parabolica Kurve reißt die rechte vordere Bremswelle, der Bolide schießt unter die Leitplanken und wird noch einmal auf die Piste geschleudert. Der Pilot rutscht unter dem Bauchgurt nach vorn, der Riemen drückt eine Rippe in die Aorta. Der 28-jährige Jochen Rindt ist binnen Sekunden tot. Sein Rivale und gleichzeitig enger Freund Jackie Stewart wankt in die Fahrerbox – um Jochens Frau Nina, die noch mit der Stoppuhr in der Hand sitzt, die Hiobsbotschaft zu überbringen.

Jochen Rindt will in seinem Leben nie etwas anderes tun, als Rennen fahren, will Weltmeister werden. Er liebt die Geschwindigkeit, das Risiko – am Ende zu sehr. Vor mehr als 50 Jahren endet in Monza der Aufstieg des charismatischen Formel-1-Piloten. Des ersten Weltmeisters, der seine Trophäe posthum erhält.

Vor Jochen Rindt fahren seit 1948 bereits 38 Piloten in den Tod. Allein in Monza drei. Denn immer schnellere, immer gefährlichere Autos werden gebaut, die auf meist veralteten Rennstrecken starten. Als Sprecher der Grand-Prix-Fahrer fordert Jochen Rindt immer wieder bessere Sicherheitsvorkehrungen, um das tödliche Risiko zu minimieren.

Karl Jochen Rindt wird 1942 in Mainz geboren. Ein Jahr später kommen seine Eltern im „Hamburger Feuersturm", dem Bombenangriff der Alliierten, ums Leben. Der Bub wächst bei den Großeltern in Graz auf. Schon sehr früh liebt er die Geschwindigkeit. Mit seinem auffrisierten Moped rast er durch die Gegend, ein Strafmandat nach dem anderen wird vom Großvater, einem wohlhabenden Rechtsanwalt, zähneknirschend bezahlt. Bereits im Alter von 15 Jahren wagt der aufmüpfige Enkel auf sandigen Teststrecken Drift-Versuche, bei denen sein VW-Käfer immer wieder auf dem Dach landet.

Jochen besucht mehrere Grazer Gymnasien, bis er im Privatinternat des ehemaligen SS-Offiziers Höttl in Bad Aussee, das auch André Heller absolviert, mit horrend hohem Schulgeld zur Matura durchgepeitscht wird. Helmut Marko und Jochen Rindt teilen sich das Zimmer in der Privatschule der lernunwilligen Schüler aus „besseren Kreisen". Marko meint später, sein Jugendfreund sei „der populärste Sportler, den Österreich je hatte". Als Geschenk für die endlich absolvierte Reifeprüfung bekommt der Teenager von den Großeltern einen Simca Aronde P60 Montlhery, den er bis auf den Fahrersitz ausräumt, um damit an Rennen teilzunehmen. Am Flughafen Innsbruck erreicht der 19-jährige Jochen in seinem Simca, dem Maturapräsent, beim Semperit-Rennen immerhin den 16. Platz.

Als Volljähriger verkauft Rindt die von den Eltern geerbte „Mainzer Gewürzmühle", um einen Formel-2-Rennwagen zu kaufen. Die Karriere kann beginnen. Bereits im zweiten Rennen landet Rindt in seinem mitternachtsblauen Brabham auf dem vierten Platz.

In der Formel 1 läuft es anfangs nicht gut, obwohl Rindt in fast jedem Rennen bis zum Äußersten geht. Ab 1969 steht er bei Colin Chapman unter Vertrag. Der Lotus des genialen Ingenieurs gilt als der schnellste, aber auch gefährlichste Bolide der Formel 1 – filigran und technisch innovativ wie kein anderer: Über seine „Zeit der Lotus-Blüte" sagt Rindt: „Entweder ich werde bei Lotus Weltmeister oder ich sterbe." Eine schicksalhafte Beziehung beginnt. Bernie Ecclestone, der den Deal zwischen Rindt und Chapman einfädelt, erinnert sich: „Es war absurd, wir wohnten im gleichen Hotel, ich musste von Zimmer zu Zimmer, um Nachrichten zu überbringen – weil die Herren Chapman und Rindt oft nicht miteinander redeten."

10. Mai 1970, Grand Prix von Monaco. Rindt startet in seinem Lotus Cosworth 49 C von Platz acht und sichert sich durch riskante Überholmanöver in den engen Straßenschluchten von Monte Carlo den Sieg – beim Rennen seines Lebens, dem Wendepunkt der Formel-1-Saison 1970.

Jochen Rindt, ein charismatischer Draufgänger, der sich lässig gibt und sich nie um gesellschaftliche Konventionen kümmert. Wenn er „mit einem Gesicht wie eine Strecke, wo der Zug entgleist ist" (André Heller) auf Partys auftaucht, steht er sofort im Mittelpunkt. Einer, der gewinnen will. Um jeden Preis. Kompromisslos geht er seinen Weg. Mit ausgeprägtem Geschäftssinn.

–

„Ich weiß, dass ich so gut bin, keine Fehler zu machen. Aber ich weiß nicht, was ich tun kann, wenn etwas am Auto bricht."

–

Bereits kurz nach seinem Einstieg in die Formel 1 arbeitet er professionell an seinem Image und seiner Vermarktung. Er veröffentlicht sein erstes Buch, startet im Wiener Messepalast die „Jochen-Rindt-Show": Zum ersten Mal sind die schnellsten Autos der Welt in einer Halle zu sehen, geben Rennsport-Idole Autogramme. Für den ORF moderiert der glamouröse Formel-1-Pilot das Automagazin „Motorama". Zu Beginn etwas holprig, bald immer lässiger interviewt Rindt seine Konkurrenten – Jacky Ickx, Jackie Stewart, Jack Brabham.

Bald läuft das Business des Kettenrauchers glänzend, der „Pop-Star der Formel 1“ hängt als Plakat in den Jugendzimmern seiner Fans wie früher Peter Kraus oder Elvis Presley: „Langsam wird mir mein Glück unheimlich“, bekennt er.

Seinen ersten großen Sieg feiert der 23-jährige beim 24-Stunden-Rennen von Le Mans: Vor dem Start müssen die Fahrer im Laufschritt die Piste überqueren und in die Cockpits springen. Rindt tüftelt sich eine Vorwärtsrolle über die Karosserie aus. Er gleitet so geschickt mit dem Körper in den Sitz, dass der Fuß sofort das Gaspedal berührt und die Hand die Zündung erwischt. Eine der unvergleichlichen Aktionen im Leben des unvergleichlichen Jochen Rindt.

LEBENSLINIEN JOCHEN RINDT

- 1942 *Geburt.* 18. April in Mainz.
- 1961 *Karrierestart* auf der Rennstrecke Innsbruck-Kranebitten.
- 1965 *Sieger* beim 24-Stunden-Rennen von Le Mans.
- 1968 *Wechsel* vom Brabham- zum Lotus-Team.
- 1969 *Erster Sieg* in einem Formel-1-WM-Lauf in Watkins Glen.
- 1970 *Tod.* 5. September beim Training in Monza.

FRIEDRICH GULDA : 2021
„DER FRIEDERICH, DER FRIEDE-
RICH, DAS WAR EIN ARGER
WÜTERICH, ER SCHLUG DIE
HÄNDE AUFS KLAVIER, UND DIE
MUSIK, DIE LIEBEN WIR!"
P.S. WIEN N. 7.32 P. Sengl 21
P. SENGL 2021

Geliebtes Genie, ungeliebter Grenzgänger

Ausnahmekünstler, Jazzfan, Komponist – und vor allem einer der bedeutendsten Pianisten des 20. Jahrhunderts: **Friedrich Gulda**. Er liebt Mozart, aber auch unkonventionelle Zugänge zur Musik. Bei seinem Publikum löst er Begeisterung und Ablehnung aus.

„Mein ganzes Leben ist ein Skandal", bekennt Friedrich Gulda.

Während der 1970er-Jahre zieht er sich an den Attersee zurück. Hier bewohnt er unter anderem den ersten Stock der Garage der Wolter-Villa. Charlotte Wolter, die exaltierte Diva des k. k. Hofburgtheaters, verbringt viele Sommer hier. Wenn sie Erholung braucht, lässt sie ihr Bett in den Kuhstall bringen, um sich in der würzigen Stallluft zu regenerieren. Auch Gulda erholt sich am Südufer des Attersees von seinem Leben als Rebell. Von den Eskapaden eines schrägen Grenzgängers, der die Welt der Klassik immer wieder – und gern – verstört.

Dass er hier im Salzkammergut auch als Nackter Krummhorn spielend herumläuft, versteht man nicht, im „Konsum" ist man sich einig: „Das hat er wirklich nicht notwendig …" Aber man freut sich doch, dass der „verrückte Klavierspieler" gemeinsam mit der Blasmusikkapelle *D'Schobastoana* musiziert.

Der inzwischen über 90-jährige Goldschmied Karl Trucker ist mehr als zwei Jahrzehnte Guldas Nachbar in Weißenbach. Gemeinsam fährt man Rad und spielt Tischtennis. Und Trucker entwirft auch die Grabstätte seines Freundes am Attersee – mit dem Mozart-Spruch „Wollt ihr mit mir fliegen, schweben, lasst im Takt die Erde beben". „In der Gemeinde war er lange als der exzentrische Musiker verschrien, es hat einige Zeit gedauert, bis der Ferrari-Fahrer hier als künstlerisches Genie anerkannt wurde. Immerhin verlebte er hier verrückte Zeiten … Als das elektronische Klavier aufkam, war er einer der Ersten, die das ausprobierten. Er war aber so enttäuscht von dem Klang, dass er es in den See geworfen hat – ein Fressen für die Taucher."

Friedrich Gulda, einer der bedeutendsten Pianisten des 20. Jahrhunderts, wird geliebt als Interpret der Klavierwerke von Bach, Mozart und Beethoven und bleibt unverstanden als Grenzgänger der Musik. Lebenslang sucht er nach neuen Formen der Musik – Improvisationen fern aller Konventionen.

Er erhält bereits im Alter von sieben Jahren Klavierunterricht, als 14-Jähriger tritt er mit Schumanns Klavierkonzert a-Moll erstmals als Solist auf, sechs Jahre später folgt sein umjubeltes Debüt in der New Yorker Carnegie Hall. Der Weltruhm holt den 20-Jährigen bald ein. Drei Jahre später sorgt er in der Klassikwelt für Aufsehen, als er die Beethoven-Sonaten in chronologischer Reihenfolge aufführt.

Seit Mitte der 1950er-Jahre versucht sich der Klassikvirtuose auch in der Jazzszene zu etablieren, jammt in Wiens „Fatty's Saloon", der Berliner „Badewanne", in New Yorks „Birdland" und spielt mit Jazzgiganten wie Dizzy Gillespie oder Phil Woods.

Ende der 1980er-Jahre entdeckt der ewig suchende Provokateur, der Klischees der Klassikwelt entfliehen will, auf Ibiza die Dance-Music-Szene. Vom legendären italienischen DJ Pippi animiert, tanzt er nachts nackt oder im Hawaiihemd zu Techno. Der große Pianist Gulda entwickelt sich zum Partyfan und Paradiesvogel. Nachmittags spielt er mit Heinz Marecek in dessen Haus in Santa Gertrudis Schach. Um sich von den wilden Nächten zu erholen.

„Der schlechteste Beethoven-Interpret hat mehr Ansehen als der beste Jazz-Musiker", stellt Gulda verärgert fest. Und fordert von seinem Publikum, ihn in allen Dimensionen seiner Musik zu akzeptieren. Wo der Exzentriker auftritt, löst er im Publikum Begeisterung oder Ablehnung aus. Gern verstört er Liebhaber klassischer Musik, wenn er unter dem vielversprechenden Motto „Gulda plays Mozart" gemeinsam mit DJ Vertigo aus Liverpool zu einer „Paradise Dance Party" bittet, bei der er von seinen *Paradise Girls* in Hot Pants, schwarzen Dessous und hohen Schnürstiefeln begleitet wird: „Sie bewegen ihre Luxuskörper derart lasziv im Rhythmus, dass aus des Meisters Genius hinter dem Keyboard die Improvisationen nur so sprudelten", vermerkt ein Münchner Kritiker 1995. Wenn sich Gulda dann doch ans Klavier setzt und sagt: „Ich spiel' jetzt was vom Meister", hört man zumindest für kurze Zeit Mozart.

Der „Schwierige" meidet viele Jahre seine Heimatstadt Wien und brüskiert Salzburg. Mit der Sängerin und Schlagzeugerin Ursula Anders geht er eine private und musikalische Partnerschaft ein. Noch immer fungiert sie am Attersee als Nachlassverwalterin von Guldas Gesamtwerk.

–

„Unsere Welt ist so verrückt, dass der Normale als Rebell erscheint."

–

Immer wieder lockt der Ausnahmekünstler mit Bach, Beethoven und Mozart Klassikfans in Konzertsäle und irritiert seine Fans, wenn er nach der Pause mit Käppi in schwarzer Schlabberhose über die Bühne tänzelt. Wenn er eigene Kompositionen spielt und mit Musikern wie Joe Zawinul – dem legendären Jazzer aus Wien-Erdberg, der mit drei Schnitzelbroten im Gepäck nach Amerika ausgewandert ist – improvisiert. Dann haben sich die Sitzreihen längst gelichtet ...

Am 28. März 1999 informiert Friedrich Gulda mehrere Nachrichtenagenturen von seinem eigenen Tod, um kurz danach – in der Nacht zum Ostersonntag – rasant mit seinem roten Ferrari 348ts in Salzburg bei seiner „Auferstehungsfeier" vorzufahren. Er setzt sich ans Klavier und beginnt, Mozart zu spielen.

Am 4. November 1999 findet Friedrich Guldas letztes Konzert statt. Im Wiener Musikvereinssaal – wo die musikalische Reise rund um die Welt begann: mit einem Klavierabend am 10. Dezember 1946. In jenem Jahr, in dem er als 16-Jähriger in Genf den „Concours International d'Exécution Musicale" gewinnt. Fassungslos fragen sich Kritiker nach Guldas Interpretation von Beethovens G-Dur-Konzert, wann er das alles gelernt habe. Ein Jahr später antwortet er: „Ich habe nur zwischen 13 und 16 Jahren wirklich geübt und mit 17 all das gekonnt, was ich heute kann."

2000 stirbt der Kettenraucher nach mehreren Bypass-Operationen am Morgen des 27. Jänner. Am Geburtstag seines Lieblingskomponisten, des „Weltmeisters" Wolfgang Amadeus Mozart.

LEBENSLINIEN FRIEDRICH GULDA

- 1930 *Geburt*. 16. Mai in Wien.
- 1944 *Erster Auftritt* als Solist mit den Wiener Symphonikern.
- 1950 *Debüt* in der New Yorker Carnegie Hall.
- 1964 *Gründung* des Euro Jazz Orchesters.
- 1969 *Verleihung* und Rückgabe des „Beethoven-Ringes".
- 2000 *Tod*. 27. Jänner in Weißenbach/Attersee.

A. HELLER MIT BASQUIÁT IM
MAROKKANERGARTEN 2021
P.S. Wien N.7.32 P.Sengl 21
P.SENGL 2021

Alterndes Glühwürmchen

Er will dem Paradies näher kommen, Träume Wirklichkeit werden lassen. Sinnlichkeit und Selbstbewusstsein beherrschen seine lebenslangen Inszenierungen. Der Universalkünstler **André Heller** ist ein Publikumsverführer, der es liebt, zu polarisieren.

Man muss Respekt vor ihm haben. Er ist ein Weltmeister der Fantasie.

Zu Recht kann man André Heller, der mit Selbstbewusstsein nicht unterversorgt ist, als Universalkünstler bezeichnen. Seine Fans sehen ihn auch als Magier. Voller Enthusiasmus und Gespür für Publikumserfolg lässt er Zirkus an den Grenzen zwischen Traum und Wirklichkeit, Varieté als reisenden Vergnügungspark neu aufleben, inszeniert sich selbst und Labyrinthe, einen zehn Millionen Euro teuren botanischen Garten mitten in der marokkanischen Wüste, realisiert Feuerspektakel, fliegende Skulpturen über den Niagarafällen und spektakuläre Shows, die weltweit gezeigt werden. Gern spricht er bei seinen „Verwirklichungen" von „Kontinenten des Staunens".

Er lässt Bob Dylan über sich sagen, er sei ein „starker poetischer Muskel". Ein erfundenes Zitat. Über eine Platte, die mit Plakaten in ganz Österreich beworben wird: „André Heller – damit Sie wissen, wozu der Plattenspieler erfunden ist". Bereits als 25-Jähriger fragt er in einem surrealen ORF-Nachruf zu Lebzeiten „Wer war André Heller?" Bald ist er in Österreich weltberühmt.

Er ist Ö3-Mitbegründer, interviewt Brian Jones, Jimi Hendrix und John Lennon, unterhält sich mit dem jungen Peter Handke in der „Musicbox" eine Stunde lang übers Schuhputzen. Er zitiert die versunkene Welt von Gestern – von Peter Altenberg bis Stefan Zweig – und kauft das Urania-Kasperltheater. Er schreibt, komponiert, singt, interviewt in einer mehrfach ausgezeichneten Dokumentation Hitlers Sekretärin Traudl Junge und „Menschenkinder" von Erwin Pröll bis Armin Wolf, von Marcel Hirscher bis Arnulf Rainer. Und Heller lädt in seine Wohnung zu Hauskonzerten, die auch vom ORF übertragen werden.

Der Sohn einer jüdischen, mondän-geheimnisvollen Zuckerbäckerdynastie wird 1947 als Franz Heller – später überrascht er unter dem Pseudonym André Miriflor mit fantasievollen Eskapaden – geboren. Einmal sagt der Vater nach der Einnahme von Opiumtropfen zum Sohn: „Exzellenz, die Hummeln fliegen in meinem Kopf auf unschöne Weise", liest man in der autobiografisch gefärbten, 2019 verfilmten Erzählung „Wie ich lernte, bei mir selbst Kind zu sein". Und Onkel York aus New York klärt den Buben über das

Mysterium des Lebens auf: „Geboren wird man als Entwurf zu einem Menschen, und dann muss man zeit seines Lebens aus sich einen wirklichen Menschen machen."

Bereits im Alter von 14 Jahren betritt der „junge Zuckerlheller" (Cafetière Josefine Hawelka) – mit einem Spazierstock aus Silber – zum ersten Mal das Hawelka. Bald wird das Künstlercafé zu seinem Wartesaal des Ruhms. Zwischen Buchteln und Melangen. 60 Jahre später überreicht ihm hier Bundespräsident Van der Bellen den Amadeus Award für sein Lebenswerk.

Hellers „Erzfreundin" Erika Pluhar: „Daniel Spoerri meint, Heller und ich seien für ihn ein *mythisches Paar* gewesen. Wir sind nach unserer nicht unkomplizierten und eher kurzen Ehe-Zeit sehr unterschiedliche Wege gegangen. Aber einander gewogen sind wir geblieben. Und nach dem Tod meiner Tochter Anna war er an meiner Seite wie kein anderer Mensch. Der Heller – wie ich ihn lieber nenne, ich käme mir komisch vor, von einem André zu sprechen, heißt er doch familiär schlicht Franzi – ist für mich vor allem ein wirklicher Freund. Das kann er nämlich sein wie selten jemand! Und neben seiner bezwingenden Persönlichkeit, seiner betörenden, prinzlichen Aura finde ich's wichtig, das zu betonen."

Sein Freund Christian Seiler schwärmt im Buch „Feuerkopf" vom Menschen Heller, dessen „einzigartige Lebensgeschichte alle ermutigen soll, die Träume haben, die sie noch nicht zu verwirklichen wagten". Für den Satiriker Werner Schneyder ist Heller hingegen ein „virtuoser Blender". In „Das Buch vom Süden" berichtet er von einem „fleißigen Taugenichts", dem Sohn eines Museumsdirektors, der im Schloss Schönbrunn aufwächst und, als Pokerspieler zu Geld gekommen, seine Heimat, dieses „Reich des Bleiernen und Fröstelns", verlässt und sich wie Heller selbst früher am Gardasee ansiedelt. Der erste große Roman des Multitalents wird nicht nur positiv kritisiert: „Erzählen kann André Heller tatsächlich nicht", urteilt der *Falter* über diesen „Paulo Coelho vom Gardasee". Wenn man der *Süddeutschen Zeitung* glaubt, verliert Heller „emotional und wortgewaltig" ... „auf dem mäandernden Weg in den Süden seine geneigten Leser".

Berührend und ehrlich ist das Buch „Uhren gibt es nicht mehr" – Gespräche mit der 102 Jahre alten Mutter Hellers, Elisabeth. Langsam geht es in ihrer Lebensbilanz ans Verabschieden: „Innerlich sieht man sich noch jung und freut sich auf den nächsten Tag", meint die elegante alte Dame, die mit 19 den Süßwarenfabrikanten Stephan Heller heiratet. Sie wünscht sich, „dass das Körperwerkl in Gottesnamen auslaufen soll", erzählt später über einen Selbstmordversuch aus Liebe oder über Franz Lehár am Klavier in Bad Ischl. Vor allem aber erfährt man, wie man stilvoll altert.

–

„Wir sind alles Plagiateure. Doch nur die Besten überleben."

–

Gern lädt André Heller, der Kosmopolit aus Wien, der inzwischen 75 ist, Journalisten in seine drei Hektar große „Anima"-Botanikwelt nach Marrakesch ein. Um dann am Fuße des Atlasgebirges von all seinen Erfolgen, Rückschlägen, Sehnsüchten und seinem Weg zum inneren Frieden zu erzählen: „Es gibt nur ganz wenig Alltägliches in meinem Leben.“ Und um wie in einem Interview mit dem *Spiegel* zu resümieren: „Ich bin ein in die Jahre gekommenes Glühwürmchen.“

Wer allerdings den politischen Aktivisten André Heller am 23. Jänner 1993 neben Kardinal König, Maria Bill und Willi Resetarits auf dem Heldenplatz beim Lichtermeer erlebt, wenn er vor rund 250 000 Menschen zu Toleranz und Solidarität aufruft, vor Rassismus und Ausländerfeindlichkeit warnt, wird wohl ein Leben lang Respekt vor ihm haben.

LEBENSLINIEN ANDRÉ HELLER

1947	*Geburt*. 22. März in Wien.
1967	*Mitbegründer* und Moderator bei Ö3.
1968	*Erste LP*. „André Heller Nr. 1“.
1976	*Mitbegründer* des „Circus Roncalli“ gemeinsam mit Bernhard Paul.
1981	*Erstes Varieté*. „Flic-Flac“ für die Wiener Festwochen.
2016	*Botanische Inszenierung*. „Anima“ in Marrakesch.

P.SENGL 21
JOE ZAWINUL BESTENS
BENOTET 2021
P.S, Wien N.7.32
P. Sengl 2021

„Mei G'spür, des kummt von Z'haus …"

Als junger Pianist begleitet er Soul-Legenden wie Ella Fitzgerald und Dinah Washington. Später steigt **Joe Zawinul** aus Wien-Erdberg in den Jazz-Olymp auf, spielt mit den besten Musikern des 20. Jahrhunderts – und wird bald selbst einer von ihnen.

Roy Blacks „Ganz in Weiß" und „Marmor, Stein und Eisen bricht" von Drafi Deutscher stürmen 1966 Österreichs Hitparaden.

Und in jenem Jahr schreibt in den USA mit „Mercy, Mercy, Mercy" ein Wiener Jazzer mit seinem ersten Welthit Musikgeschichte: Josef Erich Joe Zawinul. Die Soul-Jazz-Nummer, die er auf dem damals noch exotischen E-Piano in der Band des legendären Cannonball Adderly spielt, schafft es bis auf Platz 11 der US-Billboard-Popcharts.

Österreichs bedeutendster Jazzmusiker Joe Zawinul verlässt im Februar 1959 Wien. Mit 800 Dollar in der Tasche reist er per Bahn und Schiff in das Mutterland des Jazz – mit dem Vorsatz, nie wieder nach Europa zurückzukehren. Schon bald begleitet er Ella Fitzgerald am Piano. Nach einem Stipendium an der Bostoner Berkeley School of Music engagiert ihn Trompeter Maynard Ferguson für seine Bigband. Monatelang sind sie quer durch Amerika unterwegs – bis Dinah Washington Zawinul hört, engagiert und dem Publikum als „Joe Vienna" vorstellt. Fast zwei Jahre lang begleitet der scheue Wiener, dessen Selbstvertrauen von Auftritt zu Auftritt wächst, die „Königin des Blues": „What a Diff'rence a Day Makes!" Ein halbes Jahrhundert später begeistert mit dem Washington-Hit jene weiße Sängerin, die den Soul der Schwarzen einzigartig interpretiert: Amy Winehouse, die fünffache Grammy-Gewinnerin mit einem viel zu kurzen Leben.

Bald ist der eigenwillige, ruhelose Österreicher Zawinul in Amerikas Jazzszene als Pianist und Komponist bekannt. 1968 interviewt ihn der Journalist Herbert Feuerstein in seiner New Yorker Wohnung: „Überall auf der Welt gibt es gute Musik. Ich will in die Musik, die ich schreibe und spiele, mehr als nur eine Kultur hineinbringen. So verwende ich zum Beispiel auch indische oder Balkan-Musik, aber auch Blues und Wiener Musik." Immer wieder bekennt er später: „Des san meine Wiener Wurzeln, mei G'spür, des kummt von Z'haus …"

Josef Erich, der ein Leben lang stolz auf seine tschechischen und ungarischen Wurzeln ist, kommt im Sommer 1932 im Wiener Arbeiterviertel Erdberg als Sohn eines Schlossers zur Welt. Papa Josef, der im städtischen Gaswerk arbeitet, spielt in der Freizeit Mundharmonika, ist leidenschaftlicher Boxer und Gewichtheber. Das Boxen wird auch für seinen Sohn zur lebenslangen Passion. Mama Maria, eine ungarische Sintiza, singt in privatem Kreis und begleitet sich selbst am Klavier.

Die musikbegeisterten Eltern schenken ihrem sechsjährigen Sohn ein Mini-Akkordeon, bald begleitet er am Wochenende die Familie in der Küche – der Großvater stellt den selbst gebrannten Sliwowitz auf den Tisch – bei ihren Gstanzln. Josef erhält bei einem Musiklehrer Unterricht. Bereits sehr früh erkennt dieser das absolute Gehör Zawinuls, es gelingt ihm, seinen Schüler bei kostenlosem Unterricht am Konservatorium der Stadt Wien unterzubringen. Beim Klavier-, Klarinette- und Violine-Unterricht ist der Weg zum klassischen Musiker Josef Zawinul vorgezeichnet.

Das Musical „Stormy Weather" begeistert den Elfjährigen: 24-mal sieht er den Film, verliebt sich in die Hauptdarstellerin Lena Horne – und will sie heiraten. Ein Jahr später hört er zum ersten Mal Jazzmusik: „Des war guad, i hob mir denkt, bumm, des is was, des g'fallt ma."

Am 1. September 1945 spricht Josef auf der Erdbergstraße einen gleichaltrigen Buben an, ob er wisse, wo das Realgymnasium sei. Ja, sagt Thomas, er sei eh auf dem Weg dorthin. Der spätere Bundespräsident Thomas Klestil wird sein Lebensfreund. Die beiden Erdberger Lausbuben graben unter dem Zaun ein Loch und robben sich ins Stadionbad oder schwindeln sich (kostenlos) in die Nachmittagsvorstellungen des Tonkino Capitol in der Erdbergstraße. Nach dem Film „Easter Parade" blasen Joe & Tommy auf Seidenpapier und verschieden großen Kämmen die Melodien nach, mit denen Fred Astaire die Nachtclubtänzerin Judy Garland becirct.

Als 17-Jähriger bricht Zawinul abrupt die Vorbereitungen für einen Genfer Klavierwettbewerb ab und wendet sich dem Jazz zu. Ein zwei Jahre älterer Studienfreund gewinnt den renommierten „Concours de Genève": Friedrich Gulda.

Joe Zawinul wird später in Amerika zu einem der führenden Jazz-Musiker des 20. Jahrhunderts. In den unterschiedlichsten Facetten des Jazz. Jahrzehntelang bestimmt er wie kaum ein anderer Europäer die Entwicklung des modernen Jazz mit. Als Pianist, später auch als Arrangeur, Bandleader, Komponist und Pionier auf dem elektrischen Keyboard. In seiner fast ein halbes Jahrhundert dauernden Weltkarriere wählt ihn das führende US-Jazzmagazin *Downbeat* 28-mal zum Keyboarder des Jahres.

–

„Meine Musik ist kompliziert zu spielen, aber einfach zu hören."

–

1970 bildet er zusammen mit Wayne Shorter die legendäre und auch finanziell erfolgreiche Jazzrock-Formation *Weather Report*. Bereits Ende der 1960er-Jahre nimmt Miles Davis den Ausnahmemusiker aus Wien in seine Band auf und produziert mit ihm mehrere richtungsweisende Platten, darunter „In a Silent Way" und „Bitches Brew". Seit den 1990er-Jahren entwickelt Zawinul mit dem *Zawinul Syndicate* seinen Stil weiter, der sich um die Fusion zwischen Jazz, Welt- und Tanzmusik bemüht.

Während der letzten 20 Jahre stellt sich der Erdberger Musiker, der den American Dream verwirklicht hat, immer neuen Herausforderungen, wie 1993, als er in Linz vor mehr als 80 000 Zuschauern in einer Licht- und Lasershow seine erste Sinfonie „Stories of the Danube" uraufführt. Im Steinbruch des KZ Mauthausen präsentiert er fünf Jahre später vor rund 10 000 Menschen eine Klangcollage mit O-Tönen.

Ab 2004 spielt er im Jazzclub „Joe Zawinuls Birdland" im Souterrain des Hilton Hotels am Stadtpark und kämpft um die Existenz seines Lokals. Der Club gerät in finanzielle Schwierigkeiten, bald folgt der Konkurs. In seiner Wiener Heimat ist einem der wichtigsten Jazzmusiker des 20. Jahrhunderts kein Erfolg vergönnt.

LEBENSLINIEN JOE ZAWINUL

- 1932 *Geburt*. 7. Juli in Wien.
- 1966 *Erster Hit*. „Mercy, Mercy, Mercy".
- 1969 *Bahnbrechend*. „In a Silent Way" für Miles Davis' LP.
- 1970 *Beste Jazzband*. Gründung der Gruppe Weather Report.
- 2004 *Eröffnung* des Jazzclubs „Birdland" im Hilton Hotel Wien.
- 2007 *Tod*. 7. August in Wien.

H.V.KARAJAN CONDUCTING
ORFEO 2020
P.S.WienN7.32
P.Sengl 2020
P.SENGL 20

Magier der Musik für Millionen

Das Publikum gibt sich seiner Aura hin. Und erlebt Sternstunden der Musik. **Herbert von Karajan** – Mediengenie, Millionenjongleur und erster Pop-Star der Klassik. Sein kometenhafter Aufstieg ist von der Nähe zum Nationalsozialismus überschattet.

„In Wien hat jeder Operndirektor eineinhalb Millionen Mitdirektoren, die ihm alle sagen, wie das Haus geführt werden muss", stellt Herbert von Karajan am Höhepunkt der Staatsopernkrise 1963 fest. Sein Sessel als künstlerischer Leiter der Wiener Staatsoper wackelt bereits. Co-Manager Egon Hilbert wird am 1. September 1964 als alleiniger Direktor inthronisiert.

Zehn Monate zuvor, am 3. November 1963 um 19 Uhr 07, tritt Karajan vor den Vorhang der Staatsoper, um das Premierenpublikum einer „Bohème"-Aufführung, darunter Bundespräsident Adolf Schärf, nach Hause zu schicken, denn das Bühnenpersonal streike. Die Gewerkschaft tobt, weil Karajan den Souffleur durch einen *Maestro Suggeritore* – einen in italienischen Opernhäusern mitdirigierenden Souffleur – ersetzen lässt. Das Wiener Arbeitsamt erteilt ihm keine Arbeitserlaubnis. Als er auf Anordnung Karajans am Premierenabend dennoch im Souffleurkasten sitzt, verweigert das technische Staatsopern-Personal seine Arbeit: „Wir haben Sie gewarnt. Wenn dieser Romano seinen Platz im Kasten einnimmt, geht der Vorhang nicht auf!" Der „Bohème"-Skandal ist perfekt: Die mit Spannung erwartete Vorstellung einer Inszenierung von Franco Zeffirelli fällt aus. Ein halbes Jahr später verlässt Herbert von Karajan die Wiener Staatsoper. Als er danach noch einmal als Dirigent von Beethovens „Fidelio" ans Pult tritt, ist die Begeisterung grenzenlos, seine Fans sind außer Rand und Band. Der Maestro ist gerührt, doch seine Entscheidung, nicht mehr als Direktor zurückzukommen, steht fest. Als Florestan an Rocco die Frage richtet: „Wer ist der Gouverneur dieses Gefängnisses?", tönt von der Galerie der laute und deutliche Ruf: „Hilbert."

Herbert von Karajan bietet Sternstunden der Musik. Er ist ein charismatischer Magier der Musik, dessen Aura das Publikum sechs Jahrzehnte lang fesselt. Ein besessener Selbstdarsteller und Selbstvermarkter. Ein Mediengenie und Millionenjongleur, einer der erfolgreichsten Dirigenten der Geschichte. Eine strahlende Persönlichkeit des Kulturlebens im 20. Jahrhundert, deren kometenhafter Aufstieg von der Nähe zum Nationalsozialismus überschattet ist.

Im Alter von 21 Jahren ist er bereits Kapellmeister in Ulm und später Deutschlands jüngster Generalmusikdirektor in Aachen. Hier tritt er 1935 in die NSDAP ein, bereits zwei Jahre zuvor wird er in Salzburg illegales Parteimitglied. Während seiner Zeit in Aachen tritt Karajan immer wieder bei Veranstaltungen der Nationalsozialisten auf. Sein rasanter Aufstieg, seine triumphale Erfolgsgeschichte wird ab Ende der 1930er-Jahre deutlich: Als kultureller Lockvogel wird er vom NS-Regime vermarktet. Man feiert den opportunistischen Mitläufer, nachdem er 1938 an der Berliner Staatsoper „Fidelio" und „Tristan und Isolde" dirigiert: Ein Kritiker prägt den Ausdruck „Wunder Karajan". Ein Mythos ist geboren. Ein erfolgreiches Arrangement für beide Seiten. Wie sehr er mit der NS-Ideologie verbunden ist, darüber schweigt Herbert von Karajan ein Leben lang.

Arrangiert er sich mit den Machthabern oder spielt er eine aktive Rolle? Der Historiker Oliver Rathkolb recherchiert diese Frage seit vielen Jahren, spricht von einem „braunen Faden", der sich durch Karajans „biografische Selbstinszenierungen und die meisten Biografien" zieht. Und stellt unter anderem fest, Karajans dubioser Agent Rudolf Vedder pflegt blendende Kontakte zu höchsten SS-Kreisen, durch die er die spektakulären Honorarforderungen des Maestros durchsetzt. Und Rathkolb zitiert ein Interview Karajans, im dem er angeblich gestand: „Die NSDAP-Mitgliedschaft war wie die Mitgliedschaft beim Alpenverein, damit man billig in einer Hütte übernachten kann."

Der Schriftsteller Ernst Lothar kehrt nach Kriegsende als Theater- und Musikbeauftragter des US-Departement of State aus der Emigration als Oberstleutnant nach Österreich zurück. Im Memorandum des mehr als zweieinhalbstündigen Kreuzverhörs im Entnazifizierungsverfahren Karajans im Sommer 1946 stellt Lothar fest: „Der Befragte stellte von dem gegen ihn Vorgebrachten nichts in Abrede. Er versuchte auch nicht, es mit seiner Jugend und Interesselosigkeit an politischen Dingen zu entschuldigen, dass er Parteimitglied wurde. Es handelt sich bei Herbert von Karajan um einen fanatischen Menschen, dessen Fanatismus der Musik gilt, die ihm die Existenz bedeutet … politische Gefolgschaft scheint er weder geleistet noch gehabt zu haben."

Seiner zweiten Frau Anita, Tochter der Industriellenfamilie Gütermann – in der Diktion der Nationalsozialisten eine Vierteljüdin –, verdankt Karajan als NSDAP-Parteimitglied, dass er nach dem Ende der Nazi-Tyrannei nur für kurze Zeit mit Auftrittsverbot belegt ist: Anita und ihr Vater Paul, den Karajan in einem Brief bittet, ihm in seinem Entnazifizierungsprozess beizustehen, verteidigen ihn.

> „Ich glaube an Wiedergeburt. Ich komme sicher wieder."

Herbert von Karajan versucht, die Präzision Arturo Toscaninis und die Fantasie seines Rivalen Wilhelm Furtwängler beim Dirigieren zu vereinen. Kompromisslos, voller Verve und brennendem Ehrgeiz bemüht er sich ein Leben lang um Perfektion. Unermüdlich ist er auf der Suche nach dem idealen Klang. Erscheint er auf der Bühne, herrscht eine eigenartige Spannung, die sich auf Orchester und Publikum überträgt. Man gibt sich seiner Aura hin. Er zelebriert den Moment, wenn er zu dirigieren beginnt. Verinnerlicht, versunken, aber hellwach.

Routine, Desinteresse und Gleichgültigkeit verachtet er. In seiner Euphorie gefangen wirkt er manchmal, als ob er allein musiziere. Kontaktschwierigkeiten des schüchternen Einzelgängers kreiden ihm manche als Arroganz an. Als künstlerischer Direktor der Wiener Staatsoper setzt er fast acht Jahre lang außergewöhnliche Aktionen – die nicht nur der Gewerkschaft missfallen.
Das Phänomen Karajan bringt Emotionen zum Kochen. Er streitet ungern, er diskutiert nicht, er diktiert. Bei den Berliner Philharmonikern beendet er seinen auf Lebenszeit abgeschlossenen Vertrag, weil sich fast alle der 120 männlichen Musiker weigern, das Engagement der jungen Klarinettistin Sabine Meyer zu akzeptieren.

Er verführt sein Publikum, weiß das und genießt die Ovationen. Kritikerlegende Joachim Kaiser beeindruckt das „unmittelbare Feuer, das er verströmt ..., wenn Karajan Verdis ‚Otello' dirigiert, ist es mir unmöglich, still zu sitzen und mich auf die Töne zu konzentrieren". Der „Mr. Klassik" wird vergöttert – ist aber auch umstritten. Manche werfen ihm musikalische Glätte und „dynamischen Stromlinienklang" vor.

Karajan ist nicht uneitel. Wenn er mit zart blau gefärbten, zurückgeworfenen Locken das Podest erklimmt, behutsam seinen um einen Stab verlängerten Arm – an dem werbewirksam seine Rolex Oyster Perpetual Day-Date baumelt – hebt und mit geschlossenen Augen bestimmt, wie Weltklasseorchester für ihn spielen sollen.

Disziplin und Präzision, aber auch Leidenschaft lebt er nicht nur selbst. Leontyne Price meint einmal: „Mit Karajan zu arbeiten ist wie eine Weltraumfahrt." Er verlangt Künstlern alles ab. Als Dirigent an allen großen Opernhäusern der Welt, der Mailänder Scala, der New Yorker Met, in Londons Covent Garden Opera, in Bayreuth. Als Chefdirigent der Berliner Philharmoniker – mitunter *Circus Karajani* genannt – und als Direktor der Wiener Staatsoper. Als Direktionsmitglied der Salzburger Festspiele gestaltet er diese fast ein Vierteljahrhundert lang in Karajan-Festspiele um.

Und er begründet in Salzburg die Oster- und Pfingstfestspiele, bei denen es 1976 zu einer schicksalhaften Begegnung mit einer Schülerin kommt. Der Dirigent Karajan ist vom vollkommenen Spiel der Geigerin Anne-Sophie Mutter so begeistert, dass er beschließt, „das Phänomen" zu fördern. Ein Jahr danach debütiert die Dreizehnjährige bereits bei den Salzburger Pfingstkonzerten. Sie spielt Mozarts G-Dur-Konzert. Es dirigiert Herbert von Karajan. Ab diesem Zeitpunkt fördert er als väterliches Idol das Ausnahmetalent.

–

„Wer all seine Ziele erreicht, hat sie zu niedrig gewählt."

–

Nur durch „perfekte Organisation des eigenen Lebens" ist es für ihn möglich, Tourneen in alle Welt zu unternehmen. Als Dirigent, Direktor und Regisseur, als „fliegender Manager". Als genialer Geschäftsmann, besessener Unternehmer seiner eigenen künstlerischen Pläne ist er dem Medienzeitalter visionär Jahrzehnte voraus. Er verbindet Kunst und Kommerz wie kein anderer, kombiniert Aufführungen mit Schallplattenproduktionen und Fernsehaufzeichnungen. Millionen musikbegeisterte Menschen sollen seine

Musik sehen und hören können. *Se non è vero, è ben trovato*: Als Karajan auf irgendeinem Flughafen der Welt ankommt und in ein Taxi steigt, fragt der Fahrer: „Wohin soll es gehen?“ Der gehetzte Globetrotter antwortet: „Egal, ich werde überall gebraucht!“

Der Marktwert des Meisters, der sich selbst zu einem Markenartikel macht, beschert ihm zu Lebzeiten unfassbar hohe Auftrittshonorare und Plattenverträge. 200 Millionen Tonträger mit mehr als 1000 Stunden Musik werden bis zu seinem Lebensende verkauft. Der Kaufboom hält weiter an.

Karajan ist auch, assistiert von zahllosen Juristen und Steuerberatern, ein raffinierter Finanz- und Steuerjongleur. Man konstruiert ein Gebilde von Briefkastenfirmen überall auf der Welt, wo „steuerschonend“ taxiert wird. Sein steuerliches Hauptquartier richtet Karajan bereits während der 1960er-Jahre im Engadin ein. In St. Moritz profitiert er von einer bescheidenen Steuerpauschale. Am malerischen Suvretta-Hang, wo auch der Schah von Persien in einer Villa im Tudor-Stil Winterwochen verbringt. Auf der Terrasse des Café Hauser treffen sich deutsche Konzernherren, bolivianische Zinnkönige, der Agnelli-, Gucci-, Fürstenberg- und Heineken-Clan.

Die Summe des Vermögens, das Karajan seiner Familie hinterlässt, wird auf mehr als 250 Millionen Euro geschätzt. Manchmal auch auf das Doppelte. Ein angenehmer Nebenaspekt: Das internationale Urheberrechtsgesetz sorgt für ständigen Zuschuss. Bis 2059. Denn bis zum 70. Todestag eines Künstlers kassieren die Erben Tantiemen …

Mit Yoga versucht Karajan regelmäßig, Stress und Spannungszustände zu minimieren. Und sich von seiner Rücksichtslosigkeit gegen sich selbst zu erholen. Entspannung findet der ewig Rastlose auch in Autos, Flugzeugen, auf Jachten: Bereits am 1. März 1926 erregt die Maturaarbeit des Sohnes eines hochmusikalischen Salzburger Primars Aufsehen: über das Thema „Wärmetechnische und dynamische Grundlagen von Verbrennungskraftmaschinen“. Ein Leben lang ist er von Technik fasziniert und bekennt: „Ich würde mich gern einfrieren lassen, um dann die technischen Wunder voll ausnützen zu können.“

Herbert von Karajan gilt als erster Pop-Star der klassischen Musik. Lange bevor sich Stars wie Lang Lang perfekt als Medienjongleure vermarkten. Und Jahrzehnte, bevor sich die Pianistin Yuja Wang in den Social Media als „neuer Weltstar am Klavier“ feiern lässt. In kurzen Röcken, tief dekolletierten Kleidern und mit schwindelerregenden High Heels.

„Ich würde mich gern einfrieren lassen, um dann die technischen Wunder voll ausnützen zu können.“

Die dritte und letzte Ehefrau Eliette Mouret, die Christian Dior im Alter von 18 Jahren entdeckt und sofort als Mannequin engagiert, lernt der Maestro auf der Jacht eines Freundes in Saint Tropez kennen. Für Christa Ludwig bleibt Eliette immer die „Ansteckblume an Karajans Frack“. Gemeinsam mit ihr zelebriert er pathetisch das Leben. Bei den Geburten der Töchter übernehmen ganze Orchester die Patenschaften: für Isabel 1960 die Wiener Philharmoniker, vier Jahre später für Arabel die Berliner.

Reichtum wird nicht ungern präsentiert. Karajan liebt es, Teil des internationalen Jetsets zu sein. Der Technikfreak pilotiert den eigenen Falcon-10-Privatjet, legendäre Bubenträume wie den Mercedes Flügeltürer 300 SL oder seinen Ferrari Testarossa. Porsches Bewunderung für Karajan ist so groß, dass man ihm 1983 ein eigenes Sondermodell anfertigt: den 911 Turbo RSR mit auffälligen rotblauen Streifen und einem mächtigen *turbo*-Schriftzug. Auf seiner 30-Meter-Jacht Helisara IV – seine erste Jacht Karajanides erwirbt er bereits 1938 – empfängt er die wichtigsten Moguln der Musikbranche. Und gewinnt nebenbei mehrere Regatten.

Ausgewählte Boulevardjournalisten werden zu Homestories eingeladen. Jedes einzelne Bild muss vor Veröffentlichung vom Karajan-Management genehmigt werden. Von den mondänen Wohnsitzen in St. Moritz und Saint Tropez oder aus Anif, einem Hightech-Bauernhaus im Westen Salzburgs. Umgeben von reichlich Personal wie dem Hausdiener Francesco, dem Chauffeur Josef und mehr als 6000 m^2 Garten. An einer passenden Adresse: Herbert-von-Karajan-Straße.

Dirigent Mariss Jansons beschreibt die „größte Persönlichkeit, die ich jemals getroffen habe", als einen großen Vogel mit weiten Schwingen: „Wir weilten unten auf der Erde, doch er überflog die Welt und betrachtete sie aus einer viel höheren Perspektive."

Noch im hohen Alter schleppt sich der unermüdliche Dirigent ans Pult. Die steilen Stirnfalten haben sich tief eingegraben. Gepeinigt von Arthritis und chronischen Bandscheibenproblemen bewegt er sich vorsichtig. Gebeugt, fast unbeweglich zelebriert Herbert von Karajan am Ende seines Lebens Verdis „Requiem" verklärt, so langsam, so leise, dass manche meinen, die Totenklage käme bereits aus dem Paradies.

LEBENSLINIEN HERBERT VON KARAJAN

- 1908 *Geburt*. 5. April in Salzburg.
- 1913 *Auftritt als Wunderkind* bei einer Wohltätigkeitsveranstaltung.
- 1929 *Erstes Konzert* im Salzburger Mozarteum.
- 1948 *Künstlerischer Direktor* der „Musikfreunde in Wien".
- 1980 *Erste Digital-Aufnahme* in Berlin von „Die Zauberflöte".
- 1987 *Neujahrskonzert* der Wiener Philharmoniker.
- 1989 *Tod*. 16. Juli in Anif/Salzburg

ANNEMARIE MOSER PRÖLL:
AUF DIE RICHTIGE HALTUNG
KOMMT ES AN 2021
P.S. Wien N.7.32
P.Sengl 21
P.SENGL 2021

„Wer Angst hat, soll oben bleiben!“

Die auf einem Bergbauernhof aufgewachsene **Annemarie Moser-Pröll** wird zur „besten Skisportlerin des Jahrhunderts“ gekürt. Keine Rennläuferin schaffte es bis heute, ihren Rekord – elf Rennen derselben Disziplin in Serie zu gewinnen – einzustellen.

Manche sprechen 1974 bei den neuen, polyurethan-beschichteten Ski-Rennanzügen von „Harakiri-Haut“ – die Stürze nicht mehr abbremst und durch Reibung Verbrennungen bewirken kann. „Wer gewinnen will, muss den neuen Anzug tragen“, ist Weltmeister David Zwilling überzeugt, „aber stürzen möcht' ich damit nicht.“ Abfahrts-Weltcupsiegerin Annemarie Moser-Pröll rät ihren Konkurrentinnen, die in den windschlüpfrigen Rennanzügen Angst vor Stürzen haben: „Wer Angst hat, soll oben bleiben!“

Zuerst tragen drei Jahre zuvor italienische Rennläufer aalglatte, auf die Haut geschneiderte Skitrikots. Bald forschen in Amerika Wissenschaftler der NASA und in Wien ihre Kollegen der Bundesversuchsanstalt Arsenal an glatteren Rennanzügen, die am Körper kleben und kaum noch Luftwirbel erzeugen. Mit den neuen Anzügen erzielt man in der Abfahrt einen Vorsprung von bis zu drei Sekunden. Der beste Abfahrtsläufer jener Saison, Franz Klammer, siegt allerdings auch ohne den neuen Rennanzug.

Die Ausnahmeathletin Annemarie Moser-Pröll beherrscht aufgrund ihres technischen Könnens sogar in der Abfahrt die längeren und schwereren Männer-Ski. Im Gegensatz zu ihren ausländischen Gegnerinnen und ÖSV-Teamkolleginnen, die es mit professionellem Konditionstraining versuchen. Annemarie nimmt meist nicht teil. Dennoch fährt sie der Konkurrenz davon.

Die überragende Läuferin der 1970er-Jahre entscheidet sechsmal den Gesamtweltcup für sich, wird fünfmal Weltmeisterin und 1980 Olympiasiegerin in der Abfahrt. Und Moser-Pröll gewinnt 62 Rennen im Skiweltcup: ein Rekord, der erst 2015 nach 35 Jahren von Lindsey Vonn übertroffen wird. Keine Rennläuferin schafft es bis heute, Moser-Prölls Rekord, elf Rennen derselben Disziplin in Serie zu gewinnen, einzustellen.

Annemarie kommt 1953 als sechstes von acht Kindern auf einem Pongauer Bergbauernhof oberhalb von Kleinarl zur Welt. Im Alter von vier Jahren steht sie erstmals auf Skiern. Der Dorfpfarrer entdeckt ihr Talent und empfiehlt sie an den ÖSV. Als Zwölfjährige gewinnt sie die Bezirksmeisterschaft, zwei Jahre später landet sie – nach mehreren Stürzen – in der Silberkrug-Abfahrt in Bad Gastein am letzten Platz. Ein Jahr danach gewinnt Annemarie Moser-Pröll in Maribor den Riesenslalom: Mit dem ersten Weltcupsieg – nach dem sie von 10 000 Fans in ihrer Heimatgemeinde empfangen wird – beginnt die Karriere der „besten Skisportlerin des Jahrhunderts", zu der sie 1999 in der Wiener Staatsoper gekürt wird.

Zweimal beschert das Ski-Idol dem Doyen des österreichischen Sportjournalismus Wolfgang Winheim journalistische Niederlagen: „Im März 1971 im italienischen Val di Luce, wo ihr Stern mit zwei Riesentorlaufsiegen in 24 Stunden zu leuchten begann und die ‚Kronen Zeitung' und ich für den ‚Kurier' kein Interview bekamen, weil Heinz Prüller, der damals für den ‚Express' schrieb, die Skistöcke von Pröll schnappte, sie ihm nachlaufen musste und er Annemarie im Hotel versteckte. So lange, bis längst Redaktionsschluss für uns war. Und 1975, als mir Annemarie versicherte, dass sie auf eine Teilnahme bei der Heim-Olympiade in Innsbruck verzichten werde. Der kurzzeitige Chefredakteur Gerd Bacher belehrte mich, dass er über ungleich bessere Infos verfüge und sie selbstverständlich starten werde. So stand's dann auch – exklusiv und falsch – auf Seite 1 im ‚Kurier'."

Den wahren Grund für ihre Olympia-Absage verrät Moser-Pröll aus Rücksicht auf ihren lungenkrebskranken Vater erst nach dessen Ableben. Sie will den Vater pflegen und die letzten Wochen seines Lebens lieber an seinem Krankenbett als im Rennzirkus verbringen.

Im Dezember 1976 kehrt Annemarie nach einjähriger Rennpause in den Weltcup zurück. Trotz ihres Konditionsdefizits gewinnt sie die Abfahrt in Cortina. Danach fehlt ihr die Kraft zum Bremsen. Erst 80 Meter unterhalb des Zielraumes im Jungwald kommt sie zum Stehen, eigentlich zum Liegen. Minutenlang nach Luft ringend.

Unvergessen bleibt auch, wie nach zwei Moser-Pröll-Riesenslalom-Siegen in Grindelwald im Hotel Jungfrau der Alkohol ausgeht. Es wird intensiv gefeiert, obwohl das Abfahrtsrennen noch aussteht. An der Sessellift-Talstation steht eine kreidebleiche, von Brechreiz geplagte Annemarie und meint zu Winheim: „Heute derfst net bös über mi schreiben. Heute hab i ka Chance. Mir ist sooo schlecht." Munter geworden durch frischen Gipfelwind zündet sie sich im Startbereich noch ein Zigaretterl an – ehe sie Bestzeit fährt. Am nächsten Tag titelt die *Bild-Zeitung*: „Pröll raucht, sauft und siegt." Österreichs Sportreporter reagieren wegen dieser Majestätsbeleidigung empörter als Annemarie selbst. Sie meint nur: „Was wollt's, die Deitschn haben ja recht." Ihre Schweizer Rivalin Marie-Theres Nadig stellt trocken fest: „Die Pröll trinkt und raucht, andere Ski-Mädchen leben abstinent und haben trotzdem nicht den Funken einer Chance gegen sie."

–

„Früher haben wir im Weltcup das Handarbeitszeug mitg'habt, jetzt reist jede mit einem Laptop an."

–

Die mit dem Atomic-Rennbetreuer und lokalen Fußball-Schützenkönig Herbert Moser seit 1973 verheiratete, vor 14 Jahren zur Witwe gewordene Annemarie fährt heute noch regelmäßig Ski. Und ist, weiterhin in Kleinarl lebend, besonders heimatverbunden. Wie 1979 in Lake Placid nach ihrem Weltcup-Abfahrtssieg, als sie aus Salzburg mitgebrachten Speck aufschneidet und aus ihrem Kassettenrecorder Lieder aus dem Pongau erklingen.

Dass der Sportreporter Heinz Prüller sie medial immer besonders würdigt, vergisst „Annamirl“ nie. So organisierte sie im Wiener Restaurant „Eckel“ ein Treffen mit Karl Schranz, Franz Klammer und dem Eiskunstlauf-Weltmeister Emmerich Danzer, um den 81-jährigen Prüller, der inzwischen im Rollstuhl sitzt, mit seinen Idolen in schönen, längst vergangenen Zeiten schwelgen zu lassen.

LEBENSLINIEN ANNEMARIE MOSER-PRÖLL

- 1953 *Geburt.* 27. März in Kleinarl.
- 1969 *Erste Weltcup-Platzierung* als Zweite mit Startnummer 67.
- 1973 *Erster Gesamtweltcup-Sieg* mit elf Rennsiegen *en suite*.
- 1974 *Erster Weltmeistertitel* in der Abfahrt in St. Moritz.
- 1980 *Letztes Abfahrtsgold* ihrer Karriere in Lake Placid.
- 1999 *Auszeichnung* zu „Österreichs bester Skisportlerin des Jahrhunderts“.

KARDINAL UND KÖNIG
ZUGLEICH 2020
P.S. Wien 7.7.32
P.Sengl 20 P.SENGL
2020

Ein Kirchenkönig als Freund der Menschen

Eine moralische Instanz im Österreich des 20. Jahrhunderts. Eine Autorität und Integrationsfigur des Landes. Ein Brückenbauer, der sich bis ins hohe Alter für humane Asylpolitik einsetzt: der weltoffene, dialogbereite **Kardinal Franz König**.

Eine vietnamesische Familie mit drei kleinen Kindern, die im Wiener Erzbischöflichen Palais wohnt: Während der frühen 1980er-Jahre bemüht sich die Caritas, nach dem Indochina-Krieg aus ihrer Heimat vertriebene *Boatpeople* – deren einzige Rettung die unsichere Flucht über das Meer ist – in Pfarren unterzubringen. Kardinal König will trotz mancher Gegenstimmen ebenfalls ein Quartier zur Verfügung stellen und damit „ein Beispiel geben".

Er nimmt – abseits der öffentlichen Aufmerksamkeit – den Vietnamesen Nguyen Van Tinh und seine Familie bei sich im Erzbischöflichen Palais auf: „Er kümmert sich wie ein Großvater um die Kinder, veranlasst, dass im Hof des Palais' eine Sandkiste aufgestellt wird, und nimmt sie immer wieder in seinen Urlaubsort nach Vorarlberg mit", erinnert sich Historikerin Annemarie Fenzl, die viele Jahre lang die engste und vertrauteste Mitarbeiterin Kardinal Königs ist.

Seine Plädoyers für eine humane Asylpolitik wie seine Rede 1993 beim Lichtermeer gegen Ausländerfeindlichkeit bleiben in Erinnerung. Wenn über Kardinal Franz König gesprochen wird, fallen Begriffe wie Brückenbauer, Jahrhundert-Kardinal, Autorität und Integrationsfigur Österreichs.

Bei seinen Bemühungen, die Kirche mit den aktuellen Strömungen der Zeit zu versöhnen oder das Verhältnis zwischen Kirche und Arbeiterbewegung – gemeinsam mit Anton Benya und Bruno Kreisky – zu normalisieren, muss er oft Widerstand erfahren und ist immer wieder Anfeindungen aus den eigenen Reihen ausgesetzt. Vor allem auch dann, wenn er sich nicht scheut, Fehler oder Versäumnisse der katholischen Kirche anzusprechen. Andererseits setzt er sich öffentlich gegen die von der Regierung Kreisky beschlossene Lockerung des Abtreibungsverbots ein.

Die große weite Welt fasziniert ihn seit frühester Jugend. Und er weiß, man muss Sprachen lernen, um Menschen anderer Kulturen verstehen zu können: „Jede einzelne Sprache erweiterte mein Herz und meinen Geist." Bei naturwissenschaftlichen Themen wie dem Darwinismus sucht er den Dialog und weicht auch politischen Themen nicht aus: „Europa braucht eine Seele. Europa ist mehr als nur der Euro", ist Franz König überzeugt – und stellt 1998 in der Eröffnungsrede der Salzburger Festspiele fest: „Europa braucht ein neues geistiges Antlitz."

Für viele ist Kardinal Franz König die moralische Instanz Österreichs des 20. Jahrhunderts, alles andere als ein wirklichkeitsferner Kirchenfürst. Eine unumstrittene Persönlichkeit des Landes. Ein nie abgehobener Intellektueller, der zuhören kann. Eine Autorität und Integrationsfigur mit Herz, die akzeptiert wird: Bis ins hohe Alter gilt er als der weltoffene, dialogbereite Kardinal. Ein unermüdlicher Vermittler, der den Dialog mit dem Judentum, dem Islam und anderen Weltreligionen sucht. Ein bescheidener, immer neugieriger Mensch, der nie um die Gunst der Masse buhlt. Franz König bleibt auch als Kardinal immer ein Seelsorger.

–

„Der Weg von Mensch zu Mensch ist oft weit und schwieriger als der Weg von der Erde zum Mond."

–

Als Heranwachsender durchlebt der Bauernbub aus dem Pielachtal – er ist eines von zehn Kindern – eine unglückliche Liebe. Die Entscheidung für den Priesterberuf entwickelt sich erst Schritt für Schritt. An der päpstlichen Universität Gregoriana in Rom steht dann sein Entschluss fest. Allerdings erst nach dem Abschluss des Philosophiestudiums.

Während der NS-Diktatur wird er bespitzelt und mehrmals von der Gestapo verhört und verwarnt. Seine Korrespondenz wird geheim geöffnet. Als Lazarettpfarrer kümmert er sich später um die in den Domkeller geflüchteten Frauen. Den Vergewaltigungsversuch eines Sowjetsoldaten vereitelt er, indem er angibt, es sei seine Frau. Früh findet König Zugang zu Jugendlichen und schafft es als Religionslehrer, sie mit seinem weltoffenen Umgang zu begeistern. „Der King", wie ihn seine Schüler nennen, erörtert nicht nur Fragen des Glaubens. Gemeinsam werden Radausflüge ins Pielachtal oder in den Dunkelsteinerwald unternommen.

Ein Leben lang sucht der Kardinal über allem Trennenden das Gemeinsame und mahnt, auch bei den unterschiedlichsten Standpunkten nie die versöhnende Mitte aus den Augen zu verlieren. Als Vertreter einer liberalen, offenen Weltkirche. Als der er auch versucht, den Weg der Kirche ins 21. Jahrhundert mitzubestimmen.

Franz König ist als Erzbischof von Wien eine der führenden Kräfte des II. Vatikanischen Konzils, verfügt über hervorragende Kontakte zur unterdrückten katholischen Kirche im kommunistischen Osteuropa und bringt Karol Wojtyła als Nachfolger von Papst Johannes Paul I. ins Spiel – obwohl er selbst schon nach dem Tod von Paul VI. zum engeren Kreis der Anwärter auf den Papststuhl gerechnet wird.

Als er im Sommer 2003 in Mariazell einen Oberschenkelhalsbruch erleidet, meint er, „am Ende seines Weges angelangt zu sein". Doch er fasst bald wieder Mut, trainiert täglich diszipliniert und trinkt am 3. August, an seinem 98. Geburtstag, im Spital mit Kardinal Schönborn bereits ein Glas Sekt. Zwei Monate später schmunzelt er am Ende einer anstrengenden Firmung: „Heute habe ich gelernt, wozu ein Bischofsstab auch gut ist – er ersetzt die Krücke und ist auch viel eleganter." Bis zuletzt blickt König voller Zuversicht in die Zukunft. Auch wenn es zu seinen Lebensritualen gehört, jeden Tag zumindest einmal an den eigenen Tod zu denken. Er ist überzeugt, dass „der Gedanke an die Endlichkeit des Lebens jeden Augenblick, jede Begegnung erst kostbar macht". Am Ende seines Lebens wird Kardinal Franz König noch das 13. Ehrendoktorat verliehen.

Gegen drei Uhr morgens des 13. März 2004, knapp fünf Monate vor seinem 100. Geburtstag, geht sein Dialog mit Gott und der Welt zu Ende. An seinem Sterbebett stehen nicht nur Kardinal Schönborn und seine engste Mitarbeiterin Annemarie Fenzl, sondern auch ein Kind jener vietnamesischen *Boatpeople*, die er 20 Jahre zuvor bei sich im Erzbischöflichen Palais aufgenommen hat.

LEBENSLINIEN KARDINAL FRANZ KÖNIG

- 1905 *Geburt.* 3. August in Warth bei Rabenstein an der Pielach.
- 1933 *Priesterweihe* in Rom.
- 1956 *Erzbischof* von Wien.
- 1958 *Ernennung* zum Kardinal durch Johannes XXIII.
- 1998 *Eröffnungsrede* Salzburger Festspiele: „Europa braucht ein neues geistiges Antlitz".
- 2004 *Tod.* 13. März in Wien.

MICHAEL HANEKE MIT
WEISSEM BAND 2021
P.S. Wien N.4.3L
P. Sengl 2021
P. SENGL 2021

Vergletscherung der Gefühle

Er ist einer der bedeutendsten Filmregisseure der Gegenwart. Seine kompromisslosen Kunstwerke begeistern, bewegen, verstören. Oscar-Preisträger **Michael Haneke** seziert die Psyche seiner Darsteller, denen Empathie und Liebe abhandengekommen sind.

„Ich weigere mich, das Filmemachen als Industrieprodukt zu sehen. Wenn ich das tue, wenn ich dauernd mit dem Aspekt im Hinterkopf arbeite: ‚Wie viele Zuschauer kann ich erreichen?', dann werde ich – für die Art von Film, die ich meine – nichts Vernünftiges zusammenbringen", meint er bereits vor fast 30 Jahren.

Michael Haneke. Einer der bedeutendsten Filmemacher der Gegenwart. Inzwischen sind seine Filme mit den renommiertesten Preisen des internationalen Kinos – vom Oscar bis zum Golden Globe – ausgezeichnet. Seit „Das weiße Band – eine deutsche Kindergeschichte" über Unterdrückung, Missbrauch und Misshandlung wird der Regisseur und Drehbuchautor gefeiert. Seine ersten drei Kinofilme – alles andere als Publikumserfolge – fasst er selbst als Trilogie über die „Vergletscherung der Gefühle" zusammen.

Mit dem Elfriede-Jelinek-Stoff „Die Klavierspielerin" triumphiert er 2001 bei den Filmfestspielen in Cannes und wird mit dem Großen Preis der Jury ausgezeichnet: Der Film zeigt das bedrückende Lebensdrama einer Wiener Pianistin (Isabelle Huppert) über Autoaggression, Erniedrigung, Zwangsneurosen und die Unfähigkeit, Lust zu spüren.

Es sind keine gemütlichen Filme, mit denen Michael Haneke sein Publikum konfrontiert, oft auch qualvoll verstört. Es sind analytische Meisterwerke fern des Mainstream-Kinos. Geschichten, die kompromisslos sind und beklemmen. Es sind Berichte über psychische Abgründe, über emotionale Defizite, die Haneke subtil freilegt: „Ich glaube, als Filmemacher vergewaltigt man den Zuschauer", bekennt Haneke in einem Interview mit der *Süddeutschen Zeitung*, „ich will ihn zur Selbstständigkeit vergewaltigen. Ich will ihn dazu nötigen, selber zu denken. Ich will ihn mit Widersprüchen konfrontieren, die er selbst lösen muss. Ich will ihm keine Lösung geben. Weil er dann schlagartig aufhört zu denken."

Der vor 80 Jahren in München geborene Michael Haneke wächst in Wiener Neustadt auf, wo seine Familie eine Landwirtschaft betreibt. Seine Mutter ist die Burgschauspielerin Beatrix von Degenschild. Alexander Steinbrecher, Komponist von schmalzig-stimmungsvollen Liedern wie „Ich kenn' ein kleines Wegerl im Helenental" ist in zweiter Ehe mit Michaels Mutter verheiratet. Nach dem Tod Degenschilds lernt Steinbrecher die Kostümbildnerin Elisabeth Urbancic, die Mutter von Christoph Waltz, kennen und lieben – die beiden Oscar-Preisträger Haneke und Waltz haben denselben Stiefvater.

Mit 17 beendet Haneke seine Schulkarriere. Er will Schauspieler werden. Nach der misslungenen Aufnahmeprüfung am Reinhardt-Seminar holt er die Matura nach, bricht das Philosophie- und Psychologie-Studium ab, versucht sich als Film- und Literaturkritiker und zieht als Fernsehdramaturg nach Baden-Baden. Bereits während der Zeit beim Südwestfunk schreibt er sein erstes Drehbuch „Wochenende", das nicht realisiert wird. 1973 entsteht sein erster Fernsehfilm „ … und was kommt danach? (After Liverpool)".

–

„Lüge ist das Kampfmittel der menschlichen Intelligenz."

–

Fast ein Vierteljahrhundert später ist sein umstrittenes Gewaltepos „Funny Games" nach 35 Jahren der erste Wettbewerbsbeitrag aus Österreich in Cannes. Bereits acht Jahre zuvor wird bei den Filmfestspielen in einem Nebenwettbewerb sein Kinodebütfilm „Der siebente Kontinent" gezeigt. Haneke ist ein Pedant, ein Perfektionist. In seinen Filmen achtet er, Alfred Hitchcock ähnlich, auf kleinste Details. Scheinbare Nebensächlichkeiten können monströse Bedeutung erlangen.

Seit über zehn Jahren bewohnt der privat stille, kühl und scheu wirkende Drehbuchautor, Film- und Opernregisseur mit seiner Frau Susanne, deren kleines, feines Antiquitätengeschäft in der Josefstädter Straße durchaus als Schauplatz einer Haneke-Abrechnung mit der bürgerlichen Gesellschaft fungieren könnte, ein mehr als 400 Jahre altes Wasserschloss im Waldviertel. Mit 100 Fenstern.

Über Brutalität im Kino sagt er 2008: „Ich glaube nicht, dass ein einzelner Film eine Gewaltvorlage sein kann. Die Summe der Gewaltpornografie führt zu einer Herabsetzung der Hemmschwelle. Man gewöhnt sich an Gewalt. Darin liegt die Gefahr." Juliette Binoche, Hauptdarstellerin im Filmdrama „Caché" über Voyeurismus, physische und psychische Gewalt ist überzeugt: „Hanekes Filme sind notwendige Filme. Von Zeit zu Zeit sollte man sie sich ansehen. Aber sicher nicht immer."

In „Liebe" erstickt der alte Musikprofessor Jean-Louis Trintignant seine kranke Frau, um sie von ihrem Leiden zu erlösen. Eigene Erlebnisse in seiner Familie inspirieren Haneke zum Drehbuch des Films. Fünf Jahre später begeht Trintignant in „Happy End" als greiser Patriarch im Rollstuhl, der früher beim Tunnelbau unter dem Ärmelkanal viel Geld verdiente, einen Selbstmordversuch nach dem anderen. Die Demenz schleicht sich langsam in sein Leben. Tochter Isabelle Huppert ist mit den Depressionen ihres Sohnes konfrontiert. Ihr verheirateter Bruder lebt in der Affäre mit einer Cellistin zwanghaft erotische Fantasien aus. Seine Tochter, deren Mutter sich mit einer Überdosis Pillen ins Koma rettet, vergiftet ihren Hamster mit Tabletten. Manche fragen sich, warum Zuschauer ins Kino strömen, um sich dieses Desaster einer großbürgerlichen Familie, der Anteilnahme, Gefühle und Liebe abhandengekommen sind, anzusehen …

Bestsellerautor Ferdinand von Schirach ist jedenfalls von Hanekes Filmen beeindruckt, bewundert „die Präzision seiner Arbeiten, das Unsentimentale, das Fehlen aller Klischees: Kunst muss kompromisslos sein. Ich kenne keinen anderen Künstler, der weniger Kompromisse macht."

Michael Haneke meint: „Unser Autismus und Mangel an Empathie, gegenüber den Nächsten wie den Fremdesten", sei sein Thema. Und stellt fest: „Jeder von uns ist nett, aber auch ein Arschloch."

LEBENSLINIEN MICHAEL HANEKE

- 1942 *Geburt*. 23. März in München.
- 1973 *Erster Fernsehfilm*. „... und was kommt danach (After Liverpool)?"
- 2001 *Großer Preis der Jury* in Cannes für „Die Klavierspielerin".
- 2006 *Erste Operninszenierung*. „Don Giovanni" an der Pariser Oper.
- 2009 *Goldene Palme* in Cannes für „Das weiße Band".
- 2013 *Oscar* für „Liebe" als bester fremdsprachiger Film.

GERD -TIGER- BACHER IN
ENTSPRECHENDER UMGEBUNG
2021
P.S, Wien N 7.32
P. Sengl 2021
P. SENGL 21

Lebensliebe ORF

Gerd Bacher: ein besessener Vollblut-Journalist mit Machtinstinkt, Risikobereitschaft und ewiger Lust an Innovationen. Durch den leidenschaftlichen Verschwörer wird die „größte Orgel des Landes" zu einer international beachteten Institution.

„Als er 1986 in einer Bonner Talkshow gefragt wird, warum er zum zweiten Mal Helmut Kohl als Wahlkampfberater begleite, antwortet Gerd Bacher: „Ich mach's aus Liebe – denn auch ein Bundeskanzler braucht ein bisschen Liebe."

Über große Politiker der Zweiten Republik wie Figl und Raab sagt Bacher: „Sie waren schlechte Redner, lasen wenig Bücher, tranken immer denselben Wein und aßen die gleichen drei Speisen – aber sie waren die Retter des Vaterlandes."

Der als Gerhard Angelo Roman Bacher geborene Vollblut-Journalist verhilft in der Nachkriegszeit dem Boulevard zu neuem Leben, führt den Molden-Verlag zum Erfolg und haut im ORF, für ihn die „größte Orgel des Landes", mit Unterbrechungen 20 Jahre lang heftig in die Tasten.

Er reformiert nach dem Rundfunk-Volksbegehren 1964 den ORF mit dem Ziel, den Sender dem Einfluss der politischen Parteien zu entziehen. Bacher baut völlig veraltete Sende- und Studioeinrichtungen um, lässt von seinem Freund Gustav Peichl – der ihn 1967 mit einer *Presse*-Karikatur zum Tiger hochstilisiert – Landestudios bauen. Und er hat die große Gabe, Talente zu entdecken: Gatterer und Kreuzer, Heller und Hochner. Prominente Autoren wie Mitterer, Scharang und Zenker liefern Drehbücher. Unter Gerd Bacher entstehen die großen Aufreger-Programme wie „Club 2" und „Die Alpensaga" von Peter Turrini – gegen den heftigen Widerstand des Bauernbundes. Und Bacher initiiert die legendären Portisch-Dokumentationsreihen „Österreich I" und „Österreich II". Auch wenn er kokett behauptet, seine liebste Sendung sei das „Traummännlein".

Zwei große Figuren der Zeitgeschichte – Kreisky und Bacher – übernehmen fast zur gleichen Zeit richtungsweisende Positionen: Ein sozialistischer Großbürger, der später wie ein Monarch regiert, wird am 1.2.1967 SPÖ-Parteivorsitzender und fünf Wochen später ein „heimatloser Rechter", wie er sich selbst bezeichnet, ORF-Generalintendant. Zweimal wird er später abgewählt, um dann wiederzukehren. Kreisky bittet Bacher in seine Döblinger Villa, man isst eine Eierspeis, die der Kanzler um Mitternacht selbst zubereitet. Bis zwei Uhr früh wird diskutiert.

Die Machtkämpfe zwischen dem Kanzler und dem General vom Küniglberg sind legendär. Der Konflikt zwischen den beiden Alphatieren eskaliert seit der Schranz-Affäre und endet mit der Abwahl des ORF-Chefs. 1972 wird Karl Schranz – der bei einem Jux-Fußballmatch ein Leiberl mit der Aufschrift „Aroma-Kaffee" trägt – wegen angeblicher Verletzung des Amateurparagrafen von den Olympischen Spielen ausgeschlossen und heimgeschickt. Bacher fliegt ihm nach Frankfurt entgegen, mobilisiert die Massen und macht den „Sünder von Sapporo" zum Märtyrer: Erstmals wird in Österreich dabei die Macht des Fernsehens demonstriert – mit der Übertragung des Schranz-Staatsempfangs am Heldenplatz. Mehr als 100 000 Menschen sind gekommen, um ihr Idol in der Heimat zu begrüßen. Bruno Kreisky bleibt nichts anderes übrig, als den Skistar am Balkon des Bundeskanzleramts zu präsentieren.

1978 ist Bacher wieder da. Am 28. September weiß die *Arbeiter-Zeitung* zwar noch: „Morgen Wahl des Generalintendanten. Bacher ohne jede Chance", aber am nächsten Tag titelt die *Kärntner Tageszeitung:* „Kreisky in Paris – Benya in Sofia – Bacher im ORF".

Seine langjährige Büroleiterin Brigitte Wolf erinnert sich: „Er hat Gallmetzer, Schüller, Kössler – berühmte ORF-Linke – angestellt. Trotz ihrer ihm doch eher fernstehenden Weltanschauung schätzte er sie und war stolz auf sie. Nach einem Gespräch mit Christian Schüller sagte er zu mir, kopfschüttelnd: ‚Wie kann ein so g'scheiter Mensch ein Linker sein?'"

Bachers brillant-pointierte Formulierungen, seine Streitkultur sind legendär. Er scheut auch nicht die Konfrontation mit dem „linken G'sindel". Peter Turrini wird einer seiner Lieblings-Streitpartner. Meist beendet eine brillante, leidenschaftliche Philippika Bachers das Streitgespräch. Und man geht fast friedlich auseinander.

Deutliche Ansagen hallen aus der Kommandozentrale am Küniglberg, so werden langhaarige Mitarbeiter vom cholerischen General nicht geduldet: „Das Geschlecht der ORF-Angestellten sollte auch in bekleidetem Zustand erkennbar sein." Und so manche weibliche Mitarbeiterin wird als „Trutschen" bezeichnet. Auch Betriebsräte werden gern beschimpft. Allerdings beweist Bacher Größe, wenn er sich nach zu heftigen Injurien entschuldigt.

–

„Ein Haifischbecken ist mir lieber als ein Goldfischglasl."

–

1993 warnt er vor den Privatsendern mit einer drohenden „Massenneurotisierung der Gesellschaft durch Junk-Food-Fernsehen" und kämpft voller Verve dagegen. Auch die Feinde des ruppigen Intellektuellen zollen ihm Respekt, anerkennen seine Durchsetzungskraft und ständige Lust an Innovationen, mit denen er den öffentlich-rechtlichen Sender – der „wie Suchtgift" auf ihn wirkt – führt.

Neben der Lebensliebe ORF, an dessen Spitze er mit Unterbrechungen 20 Jahre lang steht, fungiert er abgesehen von seiner Tätigkeit als Wahlkampfleiter von Helmut Kohl und Berater des Filmmoguls Leo Kirch für kurze Zeit als *Presse*-Herausgeber und *Kurier*-Chefredakteur. Manche

Mitarbeiter bemerken nicht, dass sie einen neuen Chef haben. Sie sind während Bachers dreiwöchigem Interregnum auf Urlaub.

Freund André Heller erinnert sich an „eines der feinfühligsten Wesen dieses Landes", an einen Spaziergang mit Gerd Bacher. Als er plötzlich stehen bleibt und fragt: „Kennst du das auch schon, dass blühender Flieder, je älter man ist, immer wichtiger wird?"

Der „Hypochonder der gesamten Heilkunde", dem beim „Vorbeigehen an einer Apotheke das Wasser im Mund zusammenläuft", stirbt wenige Monate vor seinem 90. Geburtstag. Österreich erlebt fast ein Staatsbegräbnis: ein Requiem im Stephansdom, ein Ehrengrab, bewegende und bewundernde Wort des Bundespräsidenten. Live in ORF 2.

LEBENSLINIEN GERD BACHER

- 1925 *Geburt.* 18. November in Salzburg.
- 1954 *Erste Chefredaktion* bei der Boulevardzeitung Bild-Telegraf.
- 1967 *ORF-Generalintendant* mit Unterbrechungen bis 1994.
- 1989 *Herausgeber* der Tageszeitung Die Presse.
- 1999 *Österreichs Journalist des 20. Jahrhunderts.* Gemeinsam mit Karl Kraus und Hans Dichand.
- 2015 *Tod.* 27. Juni in Salzburg.

O. W. FISCHER ALS LUDWIG II + ERZHER-
ZOG JOHANN AUF ZELLULOID 2021
P. Sengl Wien N, 7.32
P.S. 21
P. SENGL 2021

Dialog mit der inneren Stimme

Seine Aura, sein Lächeln, sein Bonvivant-Benehmen bescheren ihm Starkult. Privat ist der begnadete Selbstdarsteller **O. W. Fischer** lebenslang auf der Suche nach sich selbst. Und verstrickt sich immer mehr in einer obskur-skurrilen Gedankenwelt.

Sobald der unwiderstehliche Verführer erkennt, dass die Filmkarriere vorbei ist, verschwindet er „auf der Suche nach sich selbst“ aus der Öffentlichkeit: in die Welt der Esoterik, in das Universum metaphysischer Phänomene, in den Kosmos selbst gewählter Einsamkeit. In einen Elfenbeinturm verschrobener Gedanken.

In seiner Residenz „Castello dei Pescatori“ hoch über dem Luganer See in der malerischen 500-Seelen-Gemeinde Vernate verwahrt der Schauspieler O. W. Fischer die Asche seiner verstorbenen Frau Nanni – 43 Jahre lang eine Art mütterliche Betreuerin – in einer Urne neben seinem Bett. „Das Liebste, das ich hatte“, seinen toten Poldi, einen vornehmen, zarten Löwenkater, lässt er in einen Glaswürfel einschweißen und platziert ihn im Salon seines Tessiner Refugiums. In der „Fischerburg“, wie das Anwesen mit 14 000 Quadratmetern Parkanlage genannt wird, sieht sich O. W. Fischer als Privatgelehrter. Er beschäftigt sich mit Philosophie, Religion und entwickelt in einer obskuren Gedankenwelt seine Allhypnose-Theorie: Dieser zufolge soll das Leben der Menschen nur ein im Trancezustand wahrgenommener Traum sein. Voller Verve und Selbstbewusstsein präsentiert der ewige Selbstdarsteller vor rund 50 Jahren seine bizarren Gedanken in den damals neuen TV-Talkshows.

Die pseudowissenschaftlichen Thesen des 1970 vom Bundespräsidenten Jonas zum Professor ernannten Publikumslieblings, der die Fähigkeit besitzen will, „Dinge zu ahnen“, sind von seiner Selbstironie unterwandert: „Wenn ich mich allein fühle, unterhalte ich mich mit meiner inneren Stimme.“

Otto Wilhelm kommt als Sohn eines Hofrats 1915 in Klosterneuburg zur Welt. Nach einigen Semestern Philosophiestudium erlernt er das schauspielerische Handwerk am Reinhardt-Seminar. Statt mehrerer Jahre benötigt er nur knapp drei Monate bis zu einem Engagement: Das Theater in der Josefstadt ist die erste Bühnenstation des zwischen Bonvivant- und Charakterrollen wechselnden begnadeten Selbstdarstellers.

Schon der jugendliche O. W. ist bei seinem ersten Auftritt von sich selbst überzeugt. Der Regisseur nicht: „Warum machen Sie nicht, was ich gesagt habe?“ – „Weil ich’s nicht gut finde!“ – „Das haben

Sie nicht zu beurteilen!" – „Dann kann ich ja gehen!" – „Bitte schön!" – „Danke schön!"

Vom Theater in der Josefstadt holt ihn Will Forst 1936 für einen Auftritt im Film „Burgtheater", der eine knappe Minute dauert. Von 1938 bis 1944 ist der Verwandlungskünstler mit seiner monologhaften Sprache Ensemblemitglied des Deutschen Volkstheaters in Wien, nach Kriegsende für fast sieben Jahre des Burgtheaters.

Im Kino avanciert der Frauenliebling mit den strahlend blauen Augen bald zum bestbezahlten Schauspieler mit Gagen jenseits von 200 000 Mark und extrem hohen Gewinnbeteiligungen. Der Leinwandstar, der es liebt, früh aufzustehen, hasst Nachtaufnahmen, denn sie reißen ihn aus seinem Lebensrhythmus: „Jeden Morgen um halb vier oder früher" hört er „innere Stimmen, die mir wieder was verraten".

Während seiner Erfolgsjahre zwischen 1950 und 1963 liegen deutsche Filmstars der Wirtschaftswunderzeit wie Ruth Leuwerik, die „Schauspielerin für die ganze Familie", „Seelchen" Maria Schell und die blutjunge Senta Berger in seinen Armen, das Publikum ihm zu Füßen. Filme mit Titeln wie „Skandal in Ischl", „Es muss nicht immer Kaviar sein" oder „Mit Himbeergeist geht alles besser" garantieren volle Kassen.

„Ich möchte durch die Maske das wahre Gesicht des Charakters schimmern lassen, seine Seele und sein Schicksal. Und ich scheue mich nicht vor Gefühlen", beschreibt er das Geheimnis seines Erfolgs.

Ein strahlendes Lächeln, sein selbstsicheres Auftreten, die Aura eines sensiblen Charakters beeindrucken die Massen, die im Kino den Alltag vergessen wollen. Nicht nur Maria Schell schwärmt von seinem „sehr romantischen Herzen". Sein Spiel suggeriert Leichtigkeit. Manchmal mit einem Schuss ins Dämonische.

Kein anderes Idol des deutschen Nachkriegskinos genießt solche Privilegien wie der elegante Hallodri aus Klosterneuburg. Der adorierte Schauspieler sucht sich Drehbücher und Rollen aus, er kann bestimmen, wer seine Partnerin sein und welcher Regisseur inszenieren soll. Manchmal führt er auch selbst Regie. „Der Erfolg eines Filmschauspielers", stellt er fest, „beruht nicht darauf, dass sein Gesicht fotogen ist – seine Seele muss es sein."

–

„Nach heutigem Stand menschlicher Erkenntnis machen sich jene, die an Wunder glauben, nicht mehr lächerlich als jene, die es leugnen."

–

O. W. Fischers Vorliebe für skurrile Figuren wie den tragischen Bayernkönig Ludwig II. oder den Hellseher und Hochstapler Hanussen begeistern nicht nur das Publikum, sondern auch die Kritik. Als brillanter Komödiant, wie in „Peter Voss, der Millionendieb" oder als nuschelnder Leutnant Bluntschli in „Helden", beides 1958 gedreht, kann er ebenfalls überzeugen. Oder als Glühbirnenfabrikant Hofreiter in Arthur Schnitzlers „Das weite Land", junger Baron Gaigern in Vicki

Baums „Menschen im Hotel“ oder liebeskranker Offizier in Carl Zuckmayers Erzählung „Eine Liebesgeschichte“.

Fischers Versuch, in Hollywood zu reüssieren, scheitert allerdings: Dem Vertrag über zwei Filmproduktionen entkommt er durch eine psychische Erkrankung. Die Produktionsfirma entlässt ihn wegen angeblicher Gedächtnisprobleme. Doch in Deutschland und Österreich bleibt seine Popularität ungebrochen.

Die Todesnachricht des 88-jährigen Publikumslieblings, der noch zwei Tage vor seinem Tod sein Testament neu verfasst, erfährt die Öffentlichkeit erst nach fast fünf Tagen. Mit Spannung wird die Testamentseröffnung erwartet. Das auf 15 Millionen Euro geschätzte Vermögen wird aufgeteilt: zwischen dem treuen Hausmeisterehepaar Maiolo, der Theologischen Fakultät der Universität Lugano und einem Tessiner Heim für herrenlose Hunde.

LEBENSLINIEN O. W. FISCHER

- 1915 *Geburt.* 1. April in Klosterneuburg.
- 1939 *Erste große Filmrolle* mit Hans Moser in „Anton, der Letzte“.
- 1945 *Ensemblemitglied* des Burgtheaters bis 1952.
- 1950 *Erster großer Kinoerfolg.* Titelrolle in „Erzherzog Johanns große Liebe“.
- 1958 *Größter finanzieller Erfolg.* „Peter Voss, der Millionendieb“.
- 2004 *Tod.* 29. Jänner in Lugano.

P.SENGL 2021
CHRISTA LUDWIG ÜBERREICHTE VIELE
SILBERNE ROSEN ICH ÜBERREICHE IHR
EINE ROTE 2021
P.S.Wien Nr.4.32 P.Sengl 21

„Mit leichtem Herzen und leichten Händen“

Eine der ganz großen Opernsängerinnen des 20. Jahrhunderts, eine Königin ihres Fachs: **Christa Ludwig** beschert Fans weltweit berauschende, seelenvolle, sinnliche Momente. Ohne aufgesetztes Pathos, mit Leichtigkeit und leuchtend warmer Stimme.

Sie weiß, dass sie nur „zwei wirklich dünne Wollfäden von Stimmbändern“ besitzt. Aber zum Glück macht man „die Karriere mit dem Kopf, nicht mit der Stimme“, wie Christa Ludwig immer wieder betont – denn Talent und Stimme seien nur die Basis.

Für ihre Fans, denen sie berauschende Momente beschert, besitzt sie das wunderbarste Mezzosopran-Timbre ihrer Zeit: „Wirklich groß war, wie sie es einsetzte“, schreibt die *Süddeutsche Zeitung* im Nachruf auf *die Ludwig*: „Charakteristisch und klangschön, kultiviert und natürlich zugleich – und in alledem so seelenvoll, sinnlich und erotisch, dass man sich seiner unmittelbaren Wirkung nicht entziehen konnte.“

Christa Ludwig, eine der ganz großen Opernsängerinnen des 20. Jahrhunderts. Ihre Stimme berührt ohne aufgesetztes Pathos, mit scheinbarer Leichtigkeit. Fast ein halbes Jahrhundert lang steht sie auf allen wichtigen Bühnen der Welt. Im Scheinwerferlicht führt sie ein „Leben in einer Traumwelt“. Am 14. Dezember 1994 feiert sie nach 769 Auftritten in 42 Partien in der Wiener Staatsoper als Klytämnestra ihren Bühnenabschied. „Mit leichtem Herzen und leichten Händen, halten und nehmen, halten und lassen“, den Worten der Marschallin – die sie oft als persönlichen Leitspruch bezeichnet –, zieht sie sich als Sängerin aus der Öffentlichkeit zurück, in Meisterkursen gibt sie ihre Erfahrungen an junge Sängerinnen weiter.

1928 wird Christa in Berlin als Tochter eines Opernintendanten geboren. Die hochschwangere Mutter Eugenie, Sängerin und Gesangslehrerin, reist von Aachen nach Berlin, nur um den entsprechenden Eintrag in der Geburtsurkunde zu erhalten. Die Bühne wird bald Christas Spielplatz. Ihr Talent zeigt sich schon früh. Bereits als Achtjährige bewältigt sie Mozarts Arie der Königin der Nacht. Neben der Schule besucht sie auch das Konservatorium, erhält Klavier-, Cello- und Flötenunterricht. Gesang studiert sie jedoch nur bei der Mutter.

1946 debütiert sie in Frankfurt als Prinz Orlofsky in der „Fledermaus“. Nach Stationen in Deutschland holt sie Karl Böhm 1955 an die aus Ruinen wiedererbaute Wiener Staatsoper. Bald wird sie hier umjubelter Stammgast. Wie auch in Bayreuth, Berlin, Paris oder an der Metropolitan Opera in New York. Wien bleibt ein Leben lang ihre künstlerische Heimat.

In den großen Opernhäusern der Welt ist sie auch wegen ihrer direkten, manchmal schroffen Art bekannt. Dirigent Georg Solti erinnert sich: „Der Regisseur redete unentwegt auf die entnervte Christa ein, um ihr die Rolle zu erklären. Eine Weile hörte sie sich geduldig das Geschwätz an, dann legte sie los: ‚Mein Lieber, alles, was sie sagen, ist Scheiße. Aber ich mache es, weil ich gut bezahlt werde.'" Mit Otto Schenk liebt sie es hingegen, zusammenzuarbeiten. Kein Wunder. Denn Schenk schwärmt: „Bei der Ludwig ging es direkt vom Herzen, vom Gehirn zu den Stimmbändern."

Jede Zusammenarbeit mit einem Dirigenten sieht die privat scheue, zurückgezogen lebende Sängerin als eine „erotisch-elektrische Angelegenheit": „Wir geben unsere Seele beim Singen. Es muss ein Verströmen von Liebe sein, sonst ist es nach fünf Minuten langweilig. Und ein Tenor muss eine sexy Stimme haben. Eine Stimme, die in den Bauch geht oder tiefer", meint die 90-Jährige anlässlich der Verleihung des „Opus-Klassik-Preises".

Neben Karl Böhm, der ihr die Genauigkeit beibringt, arbeitet *die Ludwig* vor allem mit zwei der größten Dirigenten des 20. Jahrhunderts viel und gern zusammen: „Herbert von Karajan – auf dessen Schoß ich bereits mit sechs Jahren saß, weil ich in einem Sängerhaushalt aufgewachsen bin – war stringent, er führte ein energisches Regiment, seien es die Salzburger Festspiele oder die Strenge seiner Aufführungen, keiner getraute sich einen Muckser zu machen – alle behandelten ihn mit größtem Respekt. Leonard Bernstein hingegen war der mit der leichteren Hand, alles war ein wenig mehr *easy going*. Er hat das Orchester in einer ganz anderen Weise inspiriert. Bernstein wirkte, als ruhe er in sich. So lässig, wie das rote Stecktuch aus seinem Sakko heraushing, so scheinbar leicht und lässig hat er auch dirigiert. Aber voller Souveränität. Er war ein Genie, der Einzige, um den ich wirklich geweint habe."

Bernsteins Bewunderung für Christa Ludwig manifestiert sich in einem Satz: „She is simply the best – and the best of possible human being. (Sie ist einfach die Größte, der beste Mensch überhaupt.)" Die Sängerin lernt den Dirigenten in New York kennen: „Bei der ‚Frau ohne Schatten'. Ich war die Färbersfrau. Bernstein war im Publikum. Nach einem Konzert besuchte ich Wilhelm Kempff im Künstlerzimmer. Da war auch Bernstein und sagte: ‚Sie sind meine neue Marschallin!' Während einer Orchesterprobe zum ‚Rosenkavalier' in Wien begrüßte er mich später wieder: ‚Hello, my Marschallin, will you marry me?' Nein danke, zum Heiraten war er nichts …"

–

„Es ist die Pflicht dem Leben gegenüber, das Talent auch auszunutzen."

–

Christa Ludwigs Repertoire umfasst die wichtigsten Alt- und Mezzosopran-Partien von Mozart bis Béla Bartók – aber auch dramatische Sopranpartien. In ihren Glanzrollen als Marschallin im „Rosenkavalier", als Kundry in „Parsifal", Leonore in „Fidelio" oder als Verdis Lady Macbeth begeistert sie Opernfans weltweit. Mit unvergleichlichem

Timbre singt sie auch Brahms- oder Mahler-, Schubert- oder Schumann-Lieder. Jede Nuance sitzt. Die Lieder- und Opernsängerin vereint subtile Gesangskunst mit Bodenständigkeit.

Der Lebensmittelpunkt der Sängerin ohne falsche Bescheidenheit – die mit Stars wie Maria Callas, Anna Moffo oder Elisabeth Schwarzkopf, Plácido Domingo, Dietrich Fischer-Dieskau oder Luciano Pavarotti auf den Opernbühnen der Welt zusammentrifft – ist Klosterneuburg bei Wien. Hier stirbt sie im April 2021 im 94. Lebensjahr. Monate zuvor meint sie: „Ich glaube, ich würde nie wieder Sängerin werden wollen!"

LEBENSLINIEN CHRISTA LUDWIG

- 1928 *Geburt*. 16. März in Berlin.
- 1955 *Wiener Staatsoper*. Ensemblemitglied für fast 40 Jahre.
- 1959 *Metropolitan Opera*. Erster Auftritt in „Le nozze di Figaro".
- 1969 *Salzburger Festspiele*. Debüt als Marschallin im „Rosenkavalier".
- 1994 *Letzte Vorstellung* an der Wiener Staatsoper.
- 2021 *Tod*. 24. April in Klosterneuburg.

OTTO VON HABSBURG MIT
KRÖNUNGSKRAWATTE 2021
P.S. Wien N.7.32 2021
P. Sengl 21

Adel verpflichtet

Otto von Habsburg, der noch auf dem Schoß Franz Josephs saß, kämpft ein Leben lang für ein vereintes Europa. Und der Sohn des letzten Kaisers Karl setzt sich immer für den Weiterbestand eines freien Österreich ein. Doch ein wahrer Demokrat wird er nie.

Es ist eine gespenstische Begegnung: Der älteste Sohn des letzten regierenden Kaisers von Österreich trifft auf den am Leben verzweifelten, mit der Monarchie liebäugelnden Alkoholiker. Mit Absinth als Treibstoff balanciert der verzweifelte Romancier Joseph Roth am Abgrund. Im Exil, in einem Pariser Hotel, gibt es immer wieder Audienzen bei Otto von Habsburg, den er als seinen „Kaiser" verehrt.

Voller Ironie, aber auch Verklärung und Wehmut blickt Roth in Romanen wie „Die Kapuzinergruft" auf das untergehende Reich zurück. Am 24. Februar 1938 eine bizarre Aktion: Roth reist im Auftrag Habsburgs nach Wien, um Bundeskanzler Schuschnigg zur Abdankung zugunsten des ehemaligen Thronfolgers zu überreden – wird jedoch nicht empfangen und kehrt deprimiert nach Paris zurück.

Zuvor versucht Hitler, Habsburg zu umgarnen. Dem adeligen Weltbürger ist Adolf Hitlers machtbesessene Politik zuwider, er lehnt ein Treffen ab. Habsburg sieht Hitler als „Genius des Bösen", dieser nennt ihn ein „ungezogenes Bürschchen". Als 1938 der Anschluss droht, will Habsburg helfen, Österreich die Unabhängigkeit zu bewahren. Jahre zuvor berichtet Otto von einer Begegnung mit Adolf Hitler bei einer Großkundgebung auf dem Bülowplatz in Berlin: „Hitler hat die Leute hypnotisiert. Als er kam, hatte jeder das Gefühl, er schaue ihn persönlich an. Diese Dämonie des Blicks war schon eine große Kraft." Von Paris aus hilft Habsburg, rund 15 000 Juden zu retten, indem er seine Kontakte zum spanischen Diktator Franco nützt – um sich später kaum kritisch über ihn zu äußern.

Habsburg, unter dem NS-Regime auch in Hausarrest, ist eine der führenden konservativen Persönlichkeiten im Widerstand gegen den Nationalsozialismus, in dem er – wie im Kommunismus – die Zerstörung von Tradition und christlichen Werten erkennt. Während und nach dem Zweiten Weltkrieg setzt er sich für den Weiterbestand eines freien, unabhängigen Österreich ein.

Otto von Habsburg wird 1912 in Reichenau, in der verträumten Villa Wartholz, geboren. Auch Taufe und Erstkommunion empfängt er in der hauseigenen Kapelle. Seine energische Mutter Zita von Bourbon-Parma erzieht das Kind nach dem spanischen Hofzeremoniell zu einer Herrschergestalt, zu „Seiner apostolischen Majestät". Bereits bei der Beisetzung Kaiser Franz Josephs I. und der Krönung seines Vaters zum König von Ungarn tritt der vierjährige Otto in der Öffentlichkeit als Kronprinz auf.

Als sein Vater Kaiser Karl I. auf Madeira an der Spanischen Grippe erkrankt, muss der kaum zehn Jahre alte Otto am Sterbebett ausharren. Am Karsamstag 1922 stirbt der letzte Kaiser Österreichs. Sofort erfährt der Kronprinz von seiner Mutter Zita: „Dein Vater schläft jetzt den ewigen Schlaf – nun bist du Kaiser und König."

Otto wächst in Spanien und Belgien auf, promoviert 1935 an der Universität Löwen. Nach rastlosen Reisen, Exilaufenthalten in Frankreich und Spanien lässt sich Habsburg 1955 mit seiner Frau Regina von Sachsen-Meiningen am Starnberger See nieder. Seither pilgern Monarchisten in Pöcking mit zerbeulten Orden an den bunten Uniformen unverdrossen durch die steile Allee hinauf in die Villa Austria.

Die „Habsburgergesetze" verbieten den Angehörigen der Familie seit 1919, nach Österreich zurückzukehren, sofern sie nicht feierlich auf den Thron und alle Ansprüche an Macht und Besitz verzichten. In Ottos Reisepass mit der Berufsbezeichnung „Schriftsteller" ist notiert: „Berechtigt nicht zur Einreise nach Österreich und nicht zur Durchreise durch Österreich." Kurz nach Kriegsende versucht Otto wieder einmal sein Glück: In einem Jeep fährt er nach Innsbruck und verkündet einen „Aufruf an das österreichische Volk". Auf Druck der Sowjets muss er das Land wieder verlassen.

Habsburg bemüht sich lange um die Rückkehr nach Österreich und die Rückerstattung der alten Besitztümer. Es ist ein schleppender Kampf, an dessen Ende schließlich Bruno Kreisky dem Kaisersohn 1972 bei einem Paneuropa-Kongress die Hand reicht.

Otto von Habsburg erlebt noch die Atmosphäre der Monarchie, das Habsburgerreich – laut Victor Adler „Absolutismus gemildert durch Schlamperei". Der älteste Sohn des letzten regierenden Kaisers ist ein glühender Kämpfer für ein vereintes Europa. Der hochgebildete Weltbürger spricht sieben Sprachen, ist ein Konservativer mit reaktionärem Einschlag und sagt einmal, er sei weder Republikaner noch Monarchist, sondern Legitimist: Legitim müsse eine gute Regierung sein. Lange Jahre sitzt er für die CSU im Europaparlament, ohne sich jemals zum wahren Demokraten zu wandeln.

–

„Wer sich mit dem Zeitgeist verheiratet, ist morgen verwitwet."

–

Nicht nur als leidenschaftlicher Antikommunist, sondern auch als Humanist setzt er sich für verfolgte Bürger Osteuropas ein. Wie als Schirmherr beim legendären „Paneuropäischen Picknick" auf dem Grenzstreifen bei Sopron, das im August 1989 zur ersten Flucht von 640 DDR-Bürgern führt: Der Stacheldraht des Eisernen Vorhangs bekommt Löcher. Ein Picknick verändert die Weltgeschichte. Erich Honecker erklärt im *Daily Mirror*: „Habsburg verteilte Flugblätter bis weit nach Polen hinein, auf denen die ostdeutschen Urlauber zu einem Picknick eingeladen wurden … man gab ihnen Geschenke, zu essen und Deutsche Mark, dann hat man sie überredet, in den Westen zu kommen."

Otto von Habsburg, der noch auf dem Schoß des Kaisers Franz Joseph saß, lässt sich gern als „Kaiserliche Hoheit" titulieren. Als er zum 95. Geburtstag von Bundespräsident Fischer in *seine* Hofburg eingeladen wird, meint er: „Sie haben es aber schön hier."
Ein Jahr später, 2008, sorgt Habsburg bei der Zeremonie anlässlich der mehr als 70 Jahre zurückliegenden Okkupation durch Nazi-Deutschland für einen Skandal – als er die immer wieder geäußerte Ausrede Österreichs als erstes Opfer strapaziert.

Im Alter von 98 Jahren stirbt Otto von Habsburg, der sieben Kinder, 22 Enkel und zwei Urenkel hinterlässt, am Starnberger See. Zwölf Tage später wird sein Sarg nach einer pompösen Messe im Stephansdom, bei der auf Wunsch der Familie die Kaiserhymne gespielt wird, in der Kapuzinergruft beigesetzt.

LEBENSLINIEN OTTO VON HABSBURG

- 1912 *Geburt*. 20. November in Reichenau an der Rax.
- 1961 *Verzichtserklärung* auf Herrschaftsansprüche.
- 1973 *Paneuropa-Union*. Präsident bis 2004.
- 1979 *Mitglied* des Europäischen Parlaments bis 1999.
- 1989 *Schirmherr* des „Paneuropäischen Picknicks" in Sopron.
- 2011 *Tod*. 4. Juli in Pöcking/Bayern.

HELMUT ZILK BLICKT ALS RATHAUSMANN
AUF DEN RATHAUSMANN 2021
P. SENGL 2021.
P. SENGL 21

Lebens- und Überlebenskünstler

Helmut Zilk – ein emotionsgeladener Mensch mit mehreren Leben. Er ist Talkmaster, Fernsehdirektor, Ombudsmann und Politiker. Über Parteigrenzen hinweg wird er mit Respekt behandelt. Öffentlichkeit ist die Droge des schillernden Selbstdarstellers.

„Was davon übrig ist, schaut aus wie eine Golatschn mit ein paar Zipferl dran. Es ist nicht einfach, wenn du am Ende deines Lebens ein Krüppel bist. Aber es ist gut für einen Politiker, das mitzuerleben, denn ich habe in diesen Tagen mehr gelernt als in meinem ganzen bisherigen Leben. Man darf den Mut nicht verlieren, es gibt Furchtbareres, als ein paar Finger zu verlieren", beschreibt Helmut Zilk die Verstümmelung seiner linken Hand.

Als er am Abend des 5. Dezember 1993, zurückgekehrt von einer Zürich-Reise, in seiner Wohnung in der Naglergasse Privatpost öffnet, zündet ein Sprengsatz. Blutfontänen spritzen auf den Teppich. Die Wucht der Explosion fetzt Zilk mehrere Finger weg. Der Wettlauf mit dem Tod beginnt und wird erst am nächsten Morgen nach einer mehrstündigen Operation gewonnen.

Helmut Zilk kommt 1927 im Arbeiterbezirk Favoriten zur Welt. Der Vater erzieht ihn „von jeher im kommunistischen Sinn, ich lehnte mich gegen jedes nationalsozialistische Gedankengut auf. Mit 15 trat ich in die Lehrerbildungsanstalt ein, wir schufen eine antifaschistische Gruppe, verbreiteten Flugschriften, klebten sie an die Wände und Türen." Als Einziger seiner Klasse verweigert er die Aufnahme in die NSDAP, ein Studienrat deckt ihn.

Helmut wird Lehrer, studiert nebenbei, entwickelt sich zum Dynamo des Schulfernsehens. Später lernt man ihn als ersten Talkmaster des ORF, Fernsehdirektor, Ombudsmann der *Kronen Zeitung*, Kulturstadtrat, Unterrichtsminister und zehn Jahre lang als Bürgermeister von Wien kennen. Und als Mann einer energiegeladenen Sängerin, mit der er sein Leben öffentlich zelebriert: Zur Silbernen Hochzeit schreibt er an Dagmar Koller: „Deinem großen Herzen gehört meine ganze Liebe – bis zum letzten Atemzug." Im „Questionnaire" des Dichters Marcel Proust, dem wohl berühmtesten Magazin-Fragebogen der Welt, antwortet er auf die Frage, was er auf eine einsame Insel mitnehmen würde: „Meine Frau und 500 Portionen Eiernockerln."

Helmut Zilk. Ein volkstümlicher Politiker voller Emotionen, der als Bürgermeister – nicht nur in der Kulturszene – spektakuläre Entscheidungen trifft. Man sagt über ihn, er duzt mehr Menschen, als er kennt. Bürgernah, resolut, oft wutschnaubend geht der „Doktor Zilk“ auf die Menschen zu – auch wenn ein Autofahrer falsch parkt: „Da kannst net stehen bleiben, da is’ Halteverbot, begreifst du des net?“

Als in Wien der autofreie Tag eingeführt wird, lässt der Bürgermeister als Erster ein „DI-Pickerl“ an seinem Dienst-Mercedes anbringen. Doch der Verzicht fällt ihm leicht: Für seine mercedesfreien Dienstage steht Zilk noch ein grauer Citroen CX Prestige 2400 zur Verfügung.

Als anlässlich zweier ORF-„Café Central“-Sendungen in China und Japan der österreichische Botschafter in Peking einen Empfang gibt, begrüßt der Bürgermeister von Wien die chinesische Politprominenz: „Ich bin glücklich, heute hier bei Ihnen in Tokio sein zu dürfen.“ Das Entsetzen der mitgereisten Journalisten kann Zilk nicht aus der Ruhe bringen: „Auch meine Frau Dagi spielt gerne die g’schlitzten Rollen, Land des Lächelns …“ Schließlich erkennt er seinen Fehler und beendet die Rede mit einer ausschweifenden Lobes-Suada auf China.

Hoppalas sind bei launigen Zilk-Reden kein Einzelfall: Als der Bürgermeister ein neues BMW-Werk in Wien eröffnet und meint: „Ich freue mich, dass Porsche sich hier niederlässt“, staunen die aus München angereisten Direktoren.

Der *Presse*-Journalist Hans Werner Scheidl analysiert in seinem Zilk-Buch, er sei „kein Ideologe, aber ein standfester Linker mit Gesprächsbrücken zu allen politischen Lagern. Einer, der seinen Hauverstand in die Tagespolitik eingebracht hat: laut, polternd, ungeduldig. Erst im Alter ist er ein wenig leiser geworden.“

Helmut Zilk besitzt ein einzigartiges Kommunikationstalent und wird über Parteigrenzen hinweg mit Respekt behandelt. Die Öffentlichkeit ist seine Droge. In der Diskussionssendung „Stadtgespräche“ erreicht der Moderator Zilk ab 1963 mit seiner souveränen Gesprächsführung und breiter Thematik – vom „Anschluss“ bis zur letzten Sendung 1976 „Unsere Reichsbrücke“ – traumhafte Einschaltquoten. Auch mit seinem Geniestreich, aus Prag eine Livesendung zu übertragen, in der Menschen das erste Mal über den Eisernen Vorhang hinweg ihre Meinung kundtun können. 20 Jahre später empfängt er in der „Lebenskünstler“-Reihe Prominente. Und lässt sie einfach plaudern. Von Helmut Kohl bis Karl Schranz.

–

„Ich hasse Blödheit, besonders wenn sie sich als Tugend ausgibt!“

–

1986 eröffnet Zilk die Ausstellung „Vienna 1900“ im New Yorker Museum of Modern Art. Mit dem Bekenntnis „Österreich ist kein Nazi-Land, kein Land des Antisemitismus. Es steht auch dem größten Verbrechen der Geschichte nicht gleichgültig gegenüber. Es ist vielleicht ein Land, in dem zu lange der Mantel des Schweigens über die verbrecherische Zeit des Holocaust gebreitet wurde, aber es ist auch ein Land, das 1945 von Widerstandskämpfern und ehemaligen Häftlingen der Konzentrationslager gegründet wurde.“

Helmut Zilk wird mit dem Vorwurf konfrontiert, er habe unter dem Decknamen „Holec“ Informationen über die österreichische Innenpolitik an die Kommunisten in Prag geliefert. Zilk dementiert immer wieder. Der frühere Präsident Václav Havel entschuldigt sich bei Zilks Trauerfeier im Rathaus für den „ungerechtfertigten“ Spionage-Vorwurf.

8.11.2008, Zentralfriedhof. 5000 Fackeln erhellen die Allee zwischen dem Haupttor und dem Ehrengrab unweit der Präsidentengruft, in dem Helmut Zilk beigesetzt wird. Wien zelebriert den Abschied von einem schillernden Menschen. Zuvor hat Erzbischof Christoph Schönborn beim Requiem im Stephansdom jenes Kreuz in der Hand, das Zilk nach dem Attentat bei der gespenstischen Pressekonferenz im AKH hochhält. Der Kardinal wiederholt seine Worte: „Unser Leben ist in Gottes Hand.“

LEBENSLINIEN HELMUT ZILK

- 1927 *Geburt*. 9. Juni in Wien.
- 1967 *Fernsehdirektor* des ORF.
- 1983 *Bundesminister* für Unterricht und Kunst.
- 1984 *Bürgermeister* von Wien bis 1994.
- 1993 *Briefbombenattentat*. Die linke Hand wird verstümmelt.
- 2008 *Tod*. 24. Oktober in Wien.

HANS ORSOLICS UNSER EUROPA-
MEISTER HAT EIN HERZ 2021
P. S. Wien N. 7.32
P. Sengl 21
P. SENGL 2021

A Wahnsinn, normal

„A Leben ohne Kampf kann i ma net vorstellen. Und wia im Ring bin i a bei meine andern Kämpf' oft auf die Pappn g'folln", bekennt Box-Europameister **Hans Orsolics**. Der umjubelte Weltranglisten-Erste erlebt Triumphe und bittere Stunden des Lebens.

Das Image des Boxens ist kein positives. Man denkt an Schlägertypen, spricht von Schmuddelsport.

Man weiß vielleicht nicht, dass George Foreman, der härteste Schläger der Boxgeschichte, nach einer Jesus-Erscheinung seine Karriere beendet und schon am nächsten Tag als Prediger unterwegs ist. Vermutlich auch nicht, dass Weltmeister Gene Tunney, der als erster Techniker im Boxring gilt, an der Universität Yale Vorlesungen über Shakespeare hält. Man vergisst, dass Ernest Hemingway mit dem Boxerimage kokettiert. Und selbst boxt. Sein einziger Kampf findet im American Club 1929 in Paris statt. Hemingways Gegner ist Schriftsteller Morley Callaghan, Zeitnehmer F. Scott Fitzgerald.

„Viele Boxer sind nach ihrer Karriere Alkoholiker geworden, ich hab' schon früher ang'fangen", stellt die Box-Legende fest: Hans Orsolics. 53 Profikämpfe bestreitet der brutale Fighter. Niemand kennt ihn so gut wie sein Freund Sigi Bergmann. Der Box-Experte begleitet mehr als ein halbes Jahrhundert das Leben eines Volkslieblings, der zum gefürchteten Trinker wird. Der „leiwonde Hawara" versteckt Orsolics vor der Polizei, besucht ihn im Gefängnis, stellt sich mit ihm vor dem Arbeitsamt an und begleitet ihn zum Alkoholentzug nach Kalksburg.

In seinem Buch „Triumphe und Leiden eines Boxers" zeichnet Bergmann das von Höhen und viel mehr Tiefen geprägte Leben des Box-Parsifals mit zwielichtigen Figuren, die ihn finanziell aussaugen, nach: „Er hat sich mit seinen Fäusten ganz nach oben gekämpft, kann den Verlockungen, die mit seiner Popularität einhergehen, nicht widerstehen. Alkohol in allen Formen und riesigen Mengen … Frauen, die sich an ihn heften und ihn abstoßen, wenn er nicht bringt, was sie erwarten. All seine Taten, für die er verurteilt wurde, sind nur der Hilferuf einer gequälten, zutiefst einsamen Seele."

Auch heute spricht man vom 75-jährigen Ex-Boxer, der in einer Ein-Zimmer-Hausmeisterwohnung in Ottakring aufwächst, mit zwölf zu boxen beginnt und 16-jährig österreichischer Jugendmeister wird, noch als „Hansiburli". Sein kindliches Gemüt, seine Naivität, die von vielen im düsteren Boxsport ausgenutzt wird, ist ihm geblieben:

„I hob verlurn – wie nur ana verliern kann – der a Herz statt an Hirn hot, aber i schenier mi net … i hob euch alles g'gebn … hob erlebt wia ma fliagn kann, wenn ma Freundschaft mit Blödheit verwechselt und des woa mei Leb'n … mei potschertes Leb'n!"

Mit dem 3 Minuten und 20 Sekunden langen Lied von seinem „potscherten" Leben verdrängt der nach zehnjähriger Karriere vergessene, versoffene, verschuldete Boxer am 15. Februar 1986 Falco mit „Jeanny" vom Platz 1 der Charts und verteidigt den ersten Platz sechs Wochen lang. In fünf Wochen werden fast 50 000 Schallplatten verkauft. Sieben Jahre später singt Karlheinz Hackl in der „Liliom"-Inszenierung von Paulus Manker im Burgtheater das Lied „I hob verlurn". Orsolics sitzt im Publikum – „A leiwande Hütt´n, a Wahnsinn, is do scho' boxt wordn?" – und weint vor Glück.

Oft sind bei seinen früheren Kämpfen mehr als 10 000 Zuschauer, die in kollektive „Hansi-Hansi"-Choräle einstimmen – wenn Orsolics schüchtern die riesig wirkenden Boxhandschuhe zum Gruß emporstreckt. Es ist eine Stimmung wie während eines Rad-Sechstagerennens im Berlin der 1930er-Jahre, bei dem Fahrer und Zuschauer bis an die Grenzen gehen. Zwischen Ministern, Zuhältern und halbseidenen Schönheiten erkennt man auch Stars des Burgtheaters wie Erika Pluhar und Attila Hörbiger.

6. Juni 1967. Verkehrschaos in Wien-Hütteldorf. Der kaum 20-jährige Hans Orsolics wird in seinem 13. Profikampf in der restlos ausverkauften Stadthalle Europameister. Ein sportliches Spektakel reißt das Publikum zu Jubelstürmen hin. Auf den Rängen und am Ring folgt eine exzessive Box-Party. Der triste Alltag ist vergessen. Es knallen Sektkorken, Wildfremde fallen einander in die Arme, Rauchfangkehrer in voller Montur umjubeln ihren Kollegen. Und der unvergessene „Anatol" Robert Lindner stirbt vor Aufregung.

Zehn Minuten und 22 Sekunden verändern am 3. September 1970 – auch privat – das Leben des Hans Orsolics: In seiner bittersten Niederlage wird er in einem überflüssigen WM-Aufbaukampf in der vierten Runde vom Amerikaner Eddie Perkins unbarmherzig k. o. geschlagen, bis zur Bewusstlosigkeit geprügelt. Von der Niederlage noch nicht erholt, verliert er wenig später seinen EM-Titel gegen Ralph Charles in der zwölften Runde. Obwohl der entscheidende Schlag nach einem *Break*-Kommando des Ringrichters erfolgt …

–

„Das Leben ist gefährlicher als Boxen. Da gibt's keinen Ringrichter."

–

Nach dem Ende seiner Box-Karriere ist „Hansi" in seinem Wirtshaus „Zum Rauchfangkehrer" – mit Pin-up-Postern und dem Muhammad-Ali-Werbeplakat „I like Capri-Sonne" an der Wand – sein bester Gast und schlittert in die Insolvenz. Ein Freund meint: „Dass Hansi Wirt im 15. Hieb wurde, war ungefähr so, als würde ich als Diabetiker eine Konditorei übernehmen." Ein Tik-Tok-Star und Wrestling-Moderator, der in Amerika lebende Wiener Calvin Knie, will jetzt die Achterbahnfahrt des Überlebenskünstlers verfilmen.

Für sein Leben als „Spartacus aus Kaisermühlen" hat der zweimalige Box-Europameister eine knappe Einschätzung: „A Wahnsinn, normal“: Der Rauchfangkehrer, die ehemalige Nummer 1 der Box-Weltrangliste, das umjubelte Idol der Massen, verbringt bei 14 Aufenthalten 846 Tage im Gefängnis, nachdem im Ring die Erfolge ausbleiben und er versucht, sie auch im normalen Leben mit seinen Fäusten zurückholen. Menschen, die ihn beschimpfen oder hänseln, schlägt er brutal zusammen: „A Leben ohne Kampf kann i ma net vorstellen. Und wia im Ring bin i a bei meine andern Kämpf oft auf die Pappn g'folln.“

Der früher umjubelte Box-Champion kämpft sich nach einem Schlaganfall mit Alzheimer und Paranoia zurück ins Leben. Er wohnt mit seiner zweiten Frau Roswitha in einer Kleingartensiedlung, zuvor in einer winzigen Wohnung. Genau so groß wie ein 6x6-Meter-Boxring: 36 m^2.

LEBENSLINIEN HANS ORSOLICS

- 1947 *Geburt*. 14. Mai in Neuberg im Burgenland.
- 1967 *Europameister* im Halbweltergewicht – jüngster Europameister.
- 1969 *Bester Kampf* gegen Jean Josselin – Europameister im Weltergewicht.
- 1970 *Weltranglisten-Erster* und Wendepunkt der Karriere.
- 1974 *Ende* der Boxkarriere.
- 1986 *„Mei potschertes Leb'n“*. Nr. 1-Hit in der Hitparade.

KARL BÖHM DIRIGIERT
ROSEN KAVALIER MIT
ROTER ROSE 2021
P.SENGL 2021

Wenn Mozart kommt, fall ich auf die Knie

Der Maestro erlebt weltweit „jene stürmischen Ovationen, wie sie sonst nur einer Primadonna vorbehalten sind". Aber der begnadete Dirigent **Karl Böhm** nutzt auch jede Chance, um die Karriere voranzutreiben, und sympathisiert mit dem Nazi-Regime.

Seine „Così fan tutte" begeistert Leonard Bernstein 1979 in Washington derart, dass er nach dem Konzert in der Garderobe von Karl Böhm niederkniet: „Heute Abend haben Sie mich Mozart dirigieren gelehrt!" Der Altmeister antwortet trocken: „… dann werden S' vielleicht aufhören, so mit den Armen herumzufuchteln" und versucht, Bernsteins wilde Gesten beim Dirigieren zu imitieren …

Von Kindheit an steht für Karl August Leopold Böhm fest, Dirigent zu werden. Auf der Couch der Großmutter dirigiert er seine Cousinen, gibt ihnen die Einsätze, wann sie runterspringen sollen. Er studiert sowohl Musik als auch Jus. Vater Leopold, Advokat in Graz, ist ein begeisterter Wagnerianer und sorgt rechtzeitig dafür, dass sein Sohn „durch die Tristan-Klänge förmlich benebelt" wird. Karl macht schnell seinen Weg. Er beginnt als Kapellmeister in Graz, mit der Unterstützung von Bruno Walter beruft man ihn nach München. Später folgen Chefposten in Darmstadt und Hamburg.

Als er viele Jahre später in Bayreuth „Rheingold" dirigiert, schreibt Musikkritiker Joachim Kaiser: „Wie kein anderer weiß Karl Böhm, was Ruhe ist, weiß er, dass die Gewalt des wagnerischen Forte nicht nur von der Stärke des Blechs abhängt, sondern davon, dass vorher wirklich ein reines, erfülltes Piano war."

Als einer der bedeutendsten Dirigenten des 20. Jahrhunderts ist Böhm immer um die Unverfälschtheit der Musik bemüht, mit einem Minimum an Bewegung. Seine sich auf Sänger und Musiker übertragende Vermittlungskraft geht von seinen Augen und seiner Taktstockspitze aus. Der Perfektionist achtet darauf, dass Pausen exakt eingehalten werden, und legt Wert auf äußerste Genauigkeit. In der Wiener Wohnung zeugen 15 synchron tickende Uhren für seinen Präzisionssinn.

„Wenn ich im Himmel dem Beethoven begegne", meint der Grazer Maestro, „ziehe ich ganz tief den Hut und gehe vorüber. Wenn der Mozart kommt, fall ich auf die Knie und kann nichts sagen." Hans Weigel ist überzeugt, wenn Böhm „mit den Wiener Philharmonikern Mozart spielt, ist ein Summum erreicht, das sich dem Absoluten auf fast verdächtige und unerlaubte Manier annähert".

In seiner Autobiografie – von Weigel editiert – berichtet Böhm von einer „makabren Travestie" der musikalischen Vorliebe Adolf Hitlers für Wagner, von der ihm ein Logenschließer der Berliner Oper berichtet: Hitler habe während seiner Lieblingsoper „Tristan" nach dem ersten Akt hinten in der Loge Todesurteile unterzeichnet.

Der begnadete Musiker Karl Böhm sympathisiert aus Opportunismus mit dem Nazi-Regime. Jede Chance wird genutzt, um die Karriere voranzutreiben: Böhm dirigiert am 8. September 1936 auf dem NSDAP-Reichsparteitag „Die Meistersinger von Nürnberg". Und knapp nach dem Anschluss Österreichs im März 1938 im Konzerthaus beim „Ersten festlichen Konzert im neuen Deutschen Reich". Der Dirigent empfängt das Wiener Publikum mit dem Hitlergruß und lässt am Beginn das Horst-Wessel-Lied spielen. Karl Böhm ist nie Mitglied der NSDAP, doch des „Kampfbundes für deutsche Kultur", dessen Ziel es ist, „die Berufung von Künstlern jüdischer Abstammung abzulehnen".

1934 wird Böhm auf Fürsprache Hitlers Generalmusikdirektor der Dresdner Semperoper, neun Jahre später, mitten im Krieg, übernimmt er auf Wunsch Hitlers die Wiener Staatsoper. Karl Böhm wird in der Endphase des Zweiten Weltkriegs neben 1040 anderen Künstlern, darunter die Dirigenten Furtwängler, Karajan und Knappertsbusch, in die Liste der „Gottbegnadeten" aufgenommen, denen der Kriegsdienst erspart bleibt.

Später versucht Böhm glaubhaft zu machen: „Ich habe mich während der Annexion Österreichs immer als Österreicher gefühlt und auch danach gehandelt", er werde „in Zukunft jederzeit rückhaltlos und nach besten Kräften für die freie, unabhängige und demokratische Republik Österreich eintreten".

1945 entfernen ihn die Alliierten wegen seiner Nähe zum Nazi-Regime aus dem Amt des Staatsopern-Direktors und belegen ihn mit Auftrittsverbot. Nach dem Ende der Besatzungszeit wird Böhm ein zweites Mal Leiter der Wiener Staatsoper.

Als Karl Böhm 1956 von einer US-Tournee zurückkommt, der planmäßig organisierte „Fidelio-Skandal": Das Publikum, ungehalten über seine lange Abwesenheit und aufgeheizt vom Boulevard (Karl Löbl titelt im *Bild-Telegraf*: „Finden Sie, daß Dr. Böhm sich richtig verhält?"), pfeift den Dirigenten am Weg in den Orchestergraben aus. Zuvor verteilt man Hunderte Pfeiferln und Geld für Stehplatzkarten an willige Besucher. Anstatt sofort mit der Ouvertüre zu beginnen, „saß ich völlig gebrochen an meinem Pult und wartete auf das Ende der Demonstration … so bombastisch es klingen mag: Dieses Erlebnis werde ich bis zu meinem Tode nicht nur nicht vergessen, sondern auch nicht überwinden können."

–

„Ich kenne nur eine Partei – die der Musiker."

–

Bald stellt Karl Böhm fest: „Ich denke nicht daran, meine internationale Karriere der Wiener Staatsoper zu opfern" und legt das Amt nieder. Sein Nachfolger wird Herbert von Karajan. Ob an der Met oder der Scala, in Salzburg, Bayreuth oder Tokio, der Österreicher erlebt wegen seiner Präzision und äußersten Werktreue „jene stürmischen Ovationen, wie sie sonst nur einer Primadonna vorbehalten sind“, schreibt das *Time Magazine*. In Japan ist er nach der Vorstellung zum Essen eingeladen. Nach mehreren Versuchen mit Stäbchen gibt er auf: „Mit nur einem Staberl kann ich mich besser ernähren.“

Leonard Bernstein schreibt Anfang August 1981 in einem Brief: „Lieber Maestro Karl, manch einer spricht davon, Sie würden fühlen, dass Ihr Leben zu Ende geht. Das ist für mich ein unerträglicher Gedanke … Ich bete für Sie, so wie die gesamte Welt der Musik. In Demut.“

Wenige Tage später stirbt Karl Böhm im Alter von 87 Jahren in Salzburg. Am Pult. Während der „Elektra“-Proben.

LEBENSLINIEN KARL BÖHM

- 1894 *Geburt*. 28. August in Graz.
- 1917 *Debüt* als Dirigent an der Grazer Oper.
- 1943 *Direktor* der Wiener Staatsoper für ein Jahr.
- 1964 *Erster* „Österreichischer Generalmusikdirektor“.
- 1979 *Letzte Premiere* an der Wiener Staatsoper.
- 1981 *Tod*. 14. August in Salzburg.

HERMANN MAIERS BLICK
NACH OBEN 2020
P.S. Wien N.7.32
P. Sengl 2020

Der Maurer als Millionär

Spektakuläre Siege und Stürze, unglaubliche Comebacks und eine extrem riskante Fahrweise dominieren das Leben des **Hermann Maier.** Eines Ausnahmeathleten, einer Legende des Skisports, eines Draufgängers, der sich seine Erfolge immer erkämpfen muss.

Phänomen, Rätsel, Wunder – Begriffe, die auf die Karriere eines Ausnahmeathleten zutreffen. Auch weil Ärzte bei dem Buben aus der Flachau Morbus Osgood-Schlatter diagnostizieren – eine Reizung der Kniescheibensehne, die, sobald man irgendwo anstößt, extreme Schmerzen verursacht. Jede Berührung mit einer Torstange verursacht einen schmerzhaften Stich. Für Hermann Maier ist der Traum vom Skifahren vorerst zu Ende. Auch weil er zu schmächtig ist, verlässt er die Ski-Handelsschule in Schladming und beginnt eine Maurerlehre: „Die richtige Entscheidung", sagt er später. Denn er habe gelernt zu schuften und ein Gefühl für seinen bald muskulösen Körper bekommen.

Im Dezember 1972 warten seine skibegeisterten Eltern erst einmal die Herrenabfahrt von Val-d'Isère ab, ehe sie mit der Hebamme zur Geburt Hermanns nach Altenmarkt fahren. Die Karriere, der steile Aufstieg vom Maurer zum Millionär beginnt spät: Erst im Alter von 23 Jahren fährt er mit Rang 26 bei einem Riesenslalom sein erstes Weltcuprennen und erreicht mit 4,48 Sekunden Rückstand auf den Sieger Michael von Grünigen auf Anhieb die Punkteränge. Vier Tage zuvor darf er als Vorläufer beim Weltcup-Riesentorlauf auf seinem Haushang in der Flachau fahren. Seine Zeit hätte für Rang zwölf gereicht.

Bald rast er von Erfolg zu Erfolg und lässt der Konkurrenz kaum eine Chance. Mit spektakulären Siegen und oft mehreren Sekunden Vorsprung: Hermann Maier umfährt die Tore nicht, sondern wirft sich in sie hinein … Mit seiner Besessenheit und Sätzen wie: „Ich bin als Sieger auf die Welt gekommen. Deshalb fällt es mir schwer zu verlieren" wird er bald zum Idol der österreichischen Skination. Fasziniert verfolgt man vor dem Fernseher den ungebremsten Siegeswillen des Ausnahmeathleten.

Die Karriere des ewigen Einzelgängers ist mit üblichen Maßstäben kaum messbar: Er nimmt an 268 Weltcup-Rennen teil, landet fast 100-mal auf dem Siegerpodest und gewinnt 54-mal. Maier wird zweimal Olympiasieger, dreimal Weltmeister und gewinnt viermal den Gesamtweltcup. Und wird auch viermal zum „Österreichs Sportler des Jahres" gewählt.

Die Medien verfolgen den Aufstieg des „Monsters Maier" auf Schritt und Tritt, sprechen von der Leistung eines „Außerirdischen". Bald ist der ehemalige Maurer aus der Flachau ein Medien- und Raiffeisen-Werbestar: Beim Après-Ski-Zirkus in der Flachau, vor den haltlos jubelnden Zuschauern beim Hahnenkamm-Rennen oder beim aberkannten Sieg von Val-d'Isère – nachdem er vor der roten Linie im Zielraum seinen Ski abschnallt. Und beim Südsee-Sommerurlaub oder beim Besuch in Beverly Hills bei Arnold Schwarzenegger – Mama Aurelia serviert Wiener Schnitzel und Apfelstrudel – überall sind Kameras dabei.

Bei Pressekonferenzen sorgt der Herminator immer wieder für Lacher: Als er gefragt wird, wann er seinen letzten Ziegel als Maurer verlegt hat, antwortet er: „Am 26. Oktober 1995 um 15.00 Uhr." Maiers Antwort auf die Frage, welche Ziele er nach dem zweiten WM-Gold 1999 noch habe: „Ich will Pfarrer von Flachau werden, Ministrant war ich ja schon."

Dramatische Verletzungen und Comebacks bestimmen Maiers Leben. Der Jahrhundertcrash während der Olympischen Spiele in Nagano hat Sportgeschichte geschrieben. Weltweit erreichen TV-Sender mit dem dramatischen Abfahrts-Sturzflug mehr Zuseher als mit jedem anderen Bewerb der Spiele in Japan. Eine kleine Bodenwelle bringt Maier bei einem Rechtsschwung zu Fall: „Es wurde sehr leise im Helm, ich wusste, ich bin verdammt schnell … ich hob ab und geriet im Sprung in Schieflage … ich stieg höher und höher und es zog mir die Beine nach oben."

Unmittelbar nach dem Sturz überrascht der Draufgänger das noch geschockte Publikum mit dem Statement: „Wenn ich jetzt noch Gold gewinne, bin ich unsterblich." Drei Tage später steht er erneut am Start, Nebel in Nagano und die Verschiebung der Rennen helfen ihm. Hermann Maier wird Doppel-Olympiasieger. 15 Jahre später spricht er, ruhiger und nachdenklicher geworden, in einer „Spiegel-TV"-Dokumentation über den Sturz von Nagano und seine Nahtod-Erfahrungen: „Der Tod hat für mich den Schrecken verloren."

Es ist nicht das einzige Mal, dass Hermann Maier nur knapp am Tod vorbeischrammt: Fünf Monate vor den nächsten Olympischen Spielen scheint die Karriere beendet. Nach einem Unfall im August 2001, bei dem er auf seinem Motorrad einen deutschen Rentner überholen will, der plötzlich abbiegt, will er es noch einmal wissen und gewinnt: „Wieder auf die Piste zu gehen und alles zu geben, das waren Aufgaben, an denen ich größer geworden bin." Am 27. Jänner 2003 feiert er auf seiner Lieblingsstrecke, der Streif, beim Super-G seinen ersten Weltcupsieg nach dem dramatischen Motorradunfall, nach dem ihm fast das rechte Bein amputiert worden wäre. 2005 wird Hermann Maier Weltmeister.

–

„Ich bin als Sieger auf die Welt gekommen. Deshalb fällt es mir schwer, zu verlieren."

–

2010 wagt er – in Anlehnung an Roald Amundsen und Robert Falcon Scott, die 100 Jahre zuvor das Experiment im ewigen Eis riskieren – einen Kampf gegen Kälte, Wind und Erschöpfung: Beim vom ORF übertragenen „Wettlauf zum Südpol" gewinnt das österreichische Team gegen das deutsche. Hermann Maier, Ö3-Mikromann Tom Walek und Gebirgsjägerin Sabrina Grillitsch – der Schlittenhundeführer Alex Serdjukov scheidet wegen Erfrierungen vorzeitig aus – erreichen am 28. Dezember 2010 um 15 Uhr 20 Uhr das Ziel. Nach 400 Kilometern zu Fuß durch die Antarktis. 45 Stunden vor ihren deutschen Gegnern, darunter ZDF-Moderator Markus Lanz.

Ein Jahr zuvor, am 13. Oktober 2009, gibt Hermann Maier überraschend seinen Rücktritt bekannt. Er versucht, seine Tränen zu unterdrücken, schafft es aber nicht. Eine halbe Minute lang versagt ihm die Stimme. Schließlich sagt er: „Ich trenne mich jetzt von meinem Traumberuf und beende eine Karriere, wie ich es mir eigentlich als Bub nicht schöner hätte ausdenken können ... Pfiat Euch!"

LEBENSLINIEN HERMANN MAIER

- 1972 *Geburt.* 7. Dezember in Altenmarkt.
- 1998 *Durchbruch.* Erster Gesamtweltcup- und Doppelolympiasieg nach Sturz in Nagano.
- 2000 *Rekord.* Gesamtweltcup-Sieger mit 2000 Punkten.
- 2001 *Motorradunfall.* Schwere Beinverletzung und Karriere-Pause.
- 2003 *Comeback.* 1. Weltcupsieg in Kitzbühel nach Unfall.
- 2009 *Karriereende* nach Knie-Operation.

JOSEF JAMEK 2021
ZU FISCH KOMMT BEI
JAMEK RHEINRIES-
LING ZU TISCH
P.S. WIEN N.7.32
P. Sengl 2021
P. SENGL 21

Ein Herr, der mit den Weinstöcken redet

Josef Jamek – dieser Name steht wie kein anderer für die Renaissance österreichischer Weinkultur. Der Pionier der Wachauer Winzer keltert als Erster leichtere, naturbelassene Weine. In einer Zeit, als man bevorzugt „bukettreiche" Weine trinkt.

Mit vollmundigem „Dürnsteiner Katzensprung" besiegelt man 1955 beim Staatsvertrags-Bankett die Freiheit Österreichs.

Nach langen Jahren der Entbehrung will man wieder leben. Reichlich essen und trinken. Es ist die Zeit der fetten Gansln. Als noch die meisten Winzer zwischen Grinzing und Gumpoldskirchen – um bukettreiche Weine zu erzielen – Säcke voll Zucker in ihre Fässer schütten, revolutioniert ein innovativer Herr den Weinbau.

Als auch in der Wachau für viele andere Winzer nur die Menge des in „Dopplern" abgefüllten Weins und dessen hoher Alkoholgehalt entscheidend sind, beginnt Josef Jamek, der Pionier der Wachauer Winzer, leichte, naturbelassene Weine mit feiner Säurestruktur zu keltern. Weine, die Körper und Kraft nur aus der Reife der Trauben beziehen.

„Den Wein in Ruhe reifen lassen, Bekömmlichkeit und Harmonie als oberstes Gebot beachten" sind die Bedingungen für Josef Jamek – der, wie der Journalist Peter Breitschopf zu wissen glaubt, „mit den Weinstöcken redet". Die Jamek-Weine, ihr ausgewogenes Zusammenspiel von Restzucker und Säure und ihre niedrigen Schwefelwerte sollen Genuss ohne Kopfschmerzen und Sodbrennen garantieren.

Eva ist eine der vier Töchter des legendären Wachauer Winzers. Eine feingliedrige Person, deren Augen im Gespräch zwischen Plafond und Fußboden pendeln; eine schöne, schüchterne Frau. Ihre Bewegungen, ihre Körpersprache, das tiefe Luftholen vor jedem Satz erinnern an den Vater. Schon im Alter von zwölf Jahren beginnt Eva im Service und in der Küche mitzuhelfen. Jeden Samstag wird sie pünktlich um 11 Uhr 30 von der Schule abgeholt. Bis der Vater eines Tages zum Direktor zitiert wird. Ob er wohl wisse, dass seine Tochter regelmäßig von einem reiferen Herrn im Auto abgeholt würde. „Von mir selbst, sie muss beim Mittagsgeschäft im Betrieb mithelfen", antwortete Josef Jamek knapp.

J J J – drei ineinander verschlungene Js für *Josef Jamek Joching* – findet man auch heute noch auf den Etiketten seiner Weinflaschen. Klassisch-konservativ gestaltet. Schon während jener Zeit, als viele Winzer glaubten, man müsse seine Flaschen von einem akademischen Maler oder zumindest dem Zeichenlehrer des Ortes entwerfen lassen.

Der knorrige Josef Jamek ist zumeist von zurückhaltender Herzlichkeit. Wenn er auf der Brücke seines Restaurants zwischen Eingang und Schank im Reservierungsbuch wild herumstreichend, Gäste begrüßend, dem Personal knappe Anweisungen gebend, alles überblickend steht, erinnert er an den französischen Komiker Jacques Tati. Oder an Karl Valentin.

Josef Jamek ist ein hagerer, aristokratisch wirkender Herr aus einer anderen Zeit. Mit granitgrauem Bürstenschnitt und wachen, stets suchenden Augen. Der strenge Winzer kann aber auch sehr gesellig sein. Wenn er etwa mit Freunden bei einer Flasche Weißburgunder Auslese im Gästebuch blättert. Und sich mit leiser Wehmut an die Eintragungen der Prominenz erinnert.

Legendäre Politiker der Nachkriegszeit wie Leopold Figl, Felix Hurdes und Reinhard Kamitz, Publikumslieblinge wie Annie Rosar („Jo, Jo, Jo, es war sehr schön"), Heinz Conrads und Helmut Qualtinger waren da. Bruno Kreisky und Billy Wilder, Helmut Kohl und Franz Vranitzky haben sich an Veltliner und Riesling, an Edeltraut Jameks Klassikern Hechtnockerln, gebratene Blutwurst, Kalbsbeuschel und Topfenhaluschka erfreut. Beim Blättern im Gästebuch erzählt der Doyen des Wachauer Qualitätsweins von der versiegelten Gärglocke des Notars Melzer, der bis Ende der 1960er-Jahre von der Lese bis zur Abfüllung immer anwesend war – als Garant für kompromisslose Reinheit der Weine.

Und Josef Jamek erinnert sich an den „Arbeitskreis zum Schutz der Wachau", als er mit seinem Mitstreiter Franz Hirtzberger 1983 das Kraftwerk im Flussknie zwischen Weißenkirchen und Dürnstein verhindert.

Der resolute Winzer ist ein bescheidener Mensch. Als ihn ORF-Landesintendant Rudolf Bayr, treuer Stammgast des Hauses, als Ehrengast zu einem Philosophen-Symposium nach Salzburg einlädt, lehnt er sofort ab: „Fünf Schuhnummern zu groß für mich." Die „Staatskarosse", ein grauer Mercedes 280, den er 1960 aus einer Konkursmasse ersteht, hat er längst wieder verkauft. Ein alter Golf Diesel genügt völlig.

–

„Ich hoffe, dass ich meinen bescheidenen Beitrag dazu leisten durfte, dass der Wachauer Wein jene Anerkennung genießt, die er verdient."

–

Der Arbeitstag beginnt um sechs Uhr morgens und dauert zumeist 14 Stunden. Nach Yoga-Übungen um sieben Uhr folgt für Mitarbeiter von Küche und Keller, Service und Weingarten der „Morgenappell" im Hof. Weingut und Restaurant sind straff geführt. Mit Personal, das hinter den militärisch wirkenden Anweisungen des strengen Chefs Güte und Verständnis erahnt.

Das Weingut in Joching nimmt seinen bescheidenen Anfang mit dem Ankauf des ersten Weingartens durch Josefs Vater Anton Jamek. Der Sohn, der eigentlich Arzt werden will, besucht ab 1936 die Weinbauschule in Krems. Nach dem Krieg steht er vor dem Nichts. Er übernimmt das Elternhaus, das von den Sowjets devastierte, ehemalige „Hotel Wachau", renoviert es mit bescheidenen Mitteln. Schon bald ist die „Gaststätte Jamek" Ziel verwöhnter Gourmets.

Während der 1950er-Jahre werden einige Weingärten dazugekauft. 1959 folgte der große Schritt mit dem Ankauf von 1,5 ha in der legendären Lage Ried Klaus. 1962 installiert Jamek in den Terrassen-Weingärten „Tröpfchen-Beregnungsanlagen" – gegen die sommerliche Trockenheit in den extrem steilen Bergterrassen.

Vor einem Vierteljahrhundert übergibt der 77-jährige Josef Jamek, der ein unvergleichliches Lebenswerk hinterlässt, den Betrieb an seine jüngste Tochter Jutta und Schwiegersohn Hans Altmann. Inzwischen ist die nächste Generation am Werk. Gleich vor der Haustür der Jameks schlängelt sich – tief eingegraben ins Urgestein – die Donau durch die Kurven der Wachau. Vorbei an bunt bemalten Barockhäusern, Kirchen, Klöstern, Ruinen und vielen einladenden Landgasthöfen. *Der Jamek* bleibt einer der Besten.

LEBENSLINIEN JOSEF JAMEK

- 1919 *Geburt*. 4. November in Joching/Wachau.
- 1941 *Übernahme* des Weinguts vom Vater.
- 1955 *Beste Lage*. Ankauf von Weingärten in der legendären Ried Klaus.
- 1959 *Premiere*. Erster sorten-, lagen- und naturreiner Riesling.
- 1983 *Mitbegründer* der Winzervereinigung „Vinea Wachau".
- 2011 *Tod*. 14. März in Weißenkirchen/Wachau.

P.Sengl 2021
MEHRERE MATCHBÄLLE FÜR
WELTRANGLISTEN ERSTEN
THOMAS MUSTER 2021
P.S. Wien N.7.32
P.SENGL 21

Kampf um jeden Punkt, Satz und Sieg

Thomas Muster, der erfolgreichste österreichische Tennisspieler aller Zeiten, ist sechs Wochen lang die Nummer 1 der Welt. Nach einem Unfall kämpft er sich verbissen zurück, das Foto geht um die Welt. In Paris schreibt er später Sportgeschichte.

Florida. In der Nähe von Miami. Wenige Minuten nach Mitternacht. 1. April 1989.
Ein 21-jähriger Steirer hat Stunden zuvor beim Tennisturnier von Key Biscayne den Franzosen Yannick Noah in fünf Sätzen niedergerungen, landet erstmals in der Top-Ten-Weltrangliste. Und Thomas Muster steht im Finale gegen Ivan Lendl, die Nummer 1 der Welt.

Muster holt seine Tennistasche aus dem Kofferraum des Turnierautos. Er ist hungrig, will noch mit seinem Coach Leitgeb eine Kleinigkeit essen. Ein Quietschen. Ein Knall. Ein Aufschrei: Der betrunkene Lenker eines Pontiac Bonneville fährt Thomas Muster nieder. Er steht auf, bis zum Finale ist alles wieder gut, meint er trotz Schmerzen. Doch die Seiten- und Kreuzbänder des linken, fast zertrümmerten Knies sind gerissen.

Nach dem Heimflug wird er operiert. Die Fortsetzung seiner Karriere ist ungewiss. Doch bald geht ein Sportfoto um die Welt: Thomas Muster kämpft um sein Comeback. „Aufgegeben wird nur ein Brief", trichtert ihm der Vater schon in frühester Jugend ein: Muster sitzt auf einem speziell konstruierten Holzgestell – das linke Knie hochgelagert. Er trainiert verbissen, versucht immer wieder verzweifelt, den Ball zu erreichen. Als Aggressionsbewältigung, wie er später sagt.
Nach nicht einmal einem halben Jahr steht Muster wieder am Tenniscourt. Sein Gegenüber im Wiener Dusika-Stadion ist Ivan Lendl, der Monate zuvor in Key Biscayne kampflos Turniersieger wird. Der damalige Weltranglisten-Erste Lendl gewinnt zwar 6:3, 7:5, doch das begeisterte Publikum erlebt einen entfesselt spielenden Muster. Die Rückkehr eines der besten Sandplatzspieler der Geschichte – von 44 Turniersiegen feiert er 40 *en suite* auf Sand –, mit der die Tenniswelt nicht gerechnet hat.

Im Interview vor seinem ersten Match nach dem Unfall meint er: „Ich will mir selbst etwas beweisen, ich hoffe das Knie hält." Es hält. Und der Linkshänder mit dem extremen Topspin erreicht neun Monate nach dem Unfalldrama in Adelaide seinen sechsten Turniersieg.

Die Krönung seiner Karriere ist gleichzeitig sein Kindheitstraum: Thomas Muster gewinnt 1995 bei den French Open gegen Michael Chang und wird für sechs Wochen zur Nummer 1 der Welt.

Immer von Ehrgeiz getrieben. Besessen kämpft er um jeden Punkt, als sei es der letzte. 80 Prozent seiner Final-Matches kann Muster für sich entscheiden. Nur in Wimbledon gewinnt er kein einziges Spiel.

Thomas kommt im Oktober 1967 in der Südsteiermark zur Welt. In den Ölmühlen herrscht Hochbetrieb, Kürbiskerne werden gerade gemahlen, geröstet, gepresst. Aus den „Plutzern" entsteht das „grüne Gold der Steiermark". In den Weinbergen klappert der Klapotetz, um gefräßige Vögel von den Reben fernzuhalten. Die Sonne ist allmählich müde geworden. In den Buschenschanken kann man nicht mehr lange im Freien die Brettljause zelebrieren. Mit charaktervollen Weinen wie Sauvignon Blanc, Welschriesling, Muskateller oder Morillon. Genug geschwärmt …

–

„Das Leben ist eine Herausforderung von der Geburt bis zum Tod."

–

Vater Heinz Muster will, dass Thomas Sportler wird. In der Biografie „Aufschlag", aufgezeichnet vom Sportjournalisten Christian Hackl, steht zu lesen: „Meine Eltern hatten nie viel Geld. Mein Vater arbeitete beim Bundesheer, meine Mutter in einem Sportgeschäft. Aber unterm Christbaum ist immer was gelegen, dazu hat es allemal gereicht." Der Bub soll eigentlich Fußballer werden: „Mein Vater hat im Bezirk Fußballmannschaften betreut. Er hat mich zum Training mitgenommen, mir einen Ball in die Hände gedrückt und gesagt: ‚Spiel ein bisserl, damit du auch ein guter Fußballer wirst.'"

Doch der sture Thomas setzt sich durch, der Vater kauft ihm einen orangefarbenen *Snauwaert*-Schläger um 600 Schilling und erkennt bald das Talent seines Sohnes. Erstmals Aufsehen erregt er mit dem Gewinn der „Orange Bowl" 1985. Im selben Jahr wird Muster Profi, schon damals betreut ihn sein langjähriger Trainer Ronnie Leitgeb. Vater Heinz taucht immer wieder bei Turnieren auf, hält sich aber im Hintergrund.

1999, nach dem Ende in der ersten Runde bei den French Open, zieht sich Muster mit seiner Frau Jo, einer Fernsehmoderatorin, auf eine Farm in Australien zurück. Spielt Golf, trinkt Bier, raucht viel. 2010 kündigt er überraschend seine Rückkehr an. Er beendet seine „Comeback-Saison" mit einem Sieg und acht Niederlagen sowie Platz 980 in der ATP-Weltrangliste.

2011 ein letztes Aufbäumen vor 7500 Zuschauern. In der Wiener Stadthalle verliert der 44-Jährige in der ersten Runde 2:6, 3:6 gegen einen selbstsicheren 18-Jährigen: Dominik Thiem. Damals ist die Tennishoffnung Nr. 1890 der Weltrangliste. Neun Jahre später ist Muster Trainer Thiems. Doch „die Chemie stimmt nicht", man trennt sich. Nach nur drei Wochen.

Muster ist heute zum zweiten Mal verheiratet, Vater zweier Kinder und führt ein „stinknormales Leben und will nicht in Erinnerungen schwelgen". Der erfolgreichste österreichische Tennisspieler aller Zeiten, er siegt in 621 Einzel-Matches, verdient 12,3 Millionen Dollar Preisgeld.

Fast bescheiden, wenn man es mit den fast 160 Millionen an Preisgeldern – ohne jegliche Werbeeinnahmen – von Novak Đoković vergleicht. Oder mit den rund 50 Millionen Preisgeld bei den US Open ...

Deutsche nennen Österreichs Tennis-Weltklassespieler gern „Alpen-Boris“. Thomas Muster sieht Boris Becker hingegen als Diva: „Er geht nicht, er schreitet. Er kommt nicht, er erscheint. Ich stell mich nicht vor den Spiegel und sag zu mir: ‚Schau, da steht die Nummer 1 der Welt.‘“ Dem deutschen Rivalen fügt der Österreicher eine bittere Niederlage zu: Auf dem Weg zum Titel in Monte Carlo kollabiert der ewige Kämpfer im Halbfinale. Doch im Finale gegen Becker wehrt er zwei Matchbälle ab und gewinnt in fünf Sätzen.

LEBENSLINIEN THOMAS MUSTER

- 1967 *Geburt.* 2. Oktober in Leibnitz.
- 1985 *Finaleinzug* bei den Junior French Open und Gewinn der „Orange Bowl“.
- 1989 *Knieverletzung* bei einem Unfall mit einem betrunkenen Autofahrer.
- 1995 *Erfolgreichstes Jahr.* 40 Siege in Serie und Sieg bei den French Open.
- 1996 *Nummer 1* der Tennis-Weltrangliste.
- 1999 *Ende der Karriere* nach Erstrunden-Aus bei den French Open.

MEMORIAL FÜR KINDER-
NACHKRIEGSHILFE VON
PRÄLAT L. UNGER 2021
P.S. Wien N. 7.32
P. Sengl 2021

Kämpfer für die Nächstenliebe

Ein Leben lang fordert er Verständnis und Toleranz im Umgang mit gesellschaftlichen Randgruppen. Als kämpferischer, unbequemer, charismatischer Caritas-Präsident unterstützt er Hunderttausende in Not geratene Menschen: **Prälat Leopold Ungar**.

Karl Kraus: leidenschaftlicher Kämpfer gegen Krieg und Korruption, Engstirnigkeit und falsch verstandenen Zeitgeist. Für Prälat Leopold Ungar ist der Satiriker sein Leitbild. Während der Schulzeit lernt er die Schriften von Karl Kraus kennen, der 1899 die jüdische Glaubensgemeinschaft verlässt, 1911 getauft wird und zwölf Jahre später seinen Austritt aus der katholischen Kirche erklärt.

Im Alter von 16 Jahren besucht Leopold Ungar das erste Mal eine Karl-Kraus-Lesung. Es sollten mehr als 100 werden. Die engagierte Priester-Persönlichkeit idolisiert ein Leben lang den bissigen Sprachkünstler. Im Dezember 1930 organisiert Ungar eine Vorlesung für Gymnasiasten und lernt Kraus erstmals persönlich kennen. Danach, bis zum Tod von Karl Kraus, trifft man sich sechs Jahre lang immer wieder, um über Gott und die Welt zu philosophieren. Ungar sieht im selbst ernannten „Hohepriester der Wahrheit" jemanden, der „entschieden gegen jene spießbürgerliche Moral des 19. Jahrhunderts auftrat, die sich damit begnügte, Anständigkeit im privaten Leben zu üben. Karl Kraus vermittelte uns eine Moral, die sich als Verantwortung verstand für das, was in der Welt geschieht, zunächst und vor allem im eigenen Land. In diesem Sinne lasen wir auch seine ‚Letzten Tage der Menschheit'."

Manche meinen, dass Ungars Gesichtsausdruck dem von Karl Kraus immer ähnlicher wurde. Leopold Ungar schätzt seine moralische Instanz Kraus so hoch ein, dass er selber nicht schreiben will – es würde Kraus und seinen eigenen Ansprüchen nicht entsprechen. Aber er äußert seine Gedanken über verschiedenste Themen wie Alter, Armut und Antisemitismus, Diskriminierung, Krieg und Frieden. Andere schreiben seine Überlegungen dann für ihn.

Wie Pater Georg Sporschill, dem der damalige Caritas-Präsident Ungar sehr früh ein Haus zur Betreuung von obdachlosen und strafentlassenen Jugendlichen zur Verfügung stellt. Seit drei Jahrzehnten versucht der Sozialseelsorger inzwischen in Rumänien und Moldawien, das Leid der Straßenkinder zu minimieren. Sporschill über seinen Mentor: „Leopold Ungar war radikal, aber nie einseitig. Er liebte die Widersprüche, in denen man sich selber positionieren konnte."

1912 wird Leopold Ungar in Wiener Neustadt als Sohn eines jüdischen Weingroßhändlers geboren. Er studiert Jus, besucht das Max-Reinhardt-Seminar und liebt es, Shakespeare-Dramen zu rezitieren. Er wendet sich zunehmend dem Christentum zu und lässt sich am 8. April 1935 – auf den Tag genau 24 Jahre nach seinem Idol Karl Kraus – taufen, absolviert Exerzitien in Seckau und tritt in das Wiener Priesterseminar ein. Wegen seiner jüdischen Abstammung muss er nach dem Anschluss nach Paris flüchten, wo er zum Priester geweiht wird. Als die Nationalsozialisten Frankreich besetzen, flieht er nach England, wo er zunächst als *enemy alien* in diversen Lager interniert wird. Später reist er durch Spitäler und Gefangenlager, um als Seelsorger zu arbeiten.

1947 kehrt Leopold Ungar nach Österreich zurück, wird Kaplan in Meidling und dann auf der Wieden. Bereits im Nachkriegs-Wien organisiert er für hungerleidende Kinder Auslandsaufenthalte in Holland, Belgien, Spanien und der Schweiz. 1953 wird er zum Monsignore, zehn Jahre später zum Prälaten ernannt.

Ein Leben lang unterstützt er bedingungslos Hunderttausende in Not geratene Menschen und hat immer den Mut, die Wahrheit auszusprechen. Auf die Frage, wie der unbequeme Mahner die Hilfe finanziere, antwortet er: „Ich habe nie gebettelt, nur erpresst."

In den fast vier Jahrzehnten als charismatischer, kämpferischer Präsident baut er die Caritas von der „Tee- und Suppenküche für Arme" zu einem Imperium der Nächstenliebe aus, das bedürftigen Menschen auf unterschiedlichste Art und Weise Hilfe anbietet. Er initiiert seit der Ungarnkrise 1956 Flüchtlingsbetreuung sowie Häuser für Obdachlose. Prälat Ungar versucht, die Not an den Wurzeln zu bekämpfen – unabhängig von sozialem Status, Staats- oder Religionszugehörigkeit. Und Leopold Ungar ist an der Aussöhnung zwischen Kirche und SPÖ mitbeteiligt, die Kardinal König mit Bruno Kreisky realisiert. Gern sagt Ungar: „Wenn die Sozialisten wirklich sozial und die Christen wirklich christlich wären, dann wären wir einander nahe." Und er sucht voller Verve den Dialog zwischen Kirche und Künstlern – pflegt Freundschaften zu Thomas Bernhard, Elias Canetti, Heimito von Doderer und Fritz Wotruba.

Seit fast 20 Jahren werden Medienschaffende mit dem nach ihm benannten „Prälat-Leopold-Ungar-JournalistInnenpreis" für herausragende Arbeiten ausgezeichnet, die Verständnis und Toleranz im Umgang mit gesellschaftlichen Randgruppen vermitteln.

–

„Karl Kraus vermittelte uns eine Moral, die sich als Verantwortung verstand für das, was in der Welt geschieht."

–

Am frühen Morgen des 30. April 1992 stirbt Prälat Leopold Ungar. Am Nachmittag des Vortags besucht ihn Kardinal König, sein Chef und Weggefährte. Der Prälat richtet sich auf, gesprächsbereit. Dass die Caritas das Studentenheim in der Annagasse verkauft hat, ärgere ihn schon sehr ... Abends besucht Georg Sporschill den Sterbenden: „Ich fragte ihn, ob ich ihm das Nachtgebet vorlesen solle. ‚Für heute habe ich mich dispensiert' – ein Spaß mit letzten Kräften. Als es langsam hell wurde, wollte der Prälat aufstehen. Er tastete zur Barriere am Bett und befahl mir mit schwacher Stimme: ‚Nimm den Blödsinn weg.' Er schlüpfte in die ledernen Hausschuhe. Im Bad betrachtete er sich im Spiegel und schüttelte den Kopf, erschüttert darüber, wie der Tod ihn gezeichnet hatte. Ermattet sank er aufs Sterbebett. Dann kam seine fast 80-jährige Schwester ‚Medi', um mich abzulösen."

Seine letzte Ruhe findet Leopold Ungar auf dem kleinsten, höchsten und vielleicht stimmungsvollsten Friedhof Wiens, dem Waldfriedhof unterhalb des Kahlenbergs. Neben der Tänzerin Karoline Traunwieser, einer „himmlischen Schönheit", die im Alter von 21 Jahren an Lungenschwindsucht stirbt.

LEBENSLINIEN PRÄLAT LEOPOLD UNGAR

- 1912 *Geburt.* 8. August in Wiener Neustadt.
- 1935 *Promotion* zum Doktor der Rechtswissenschaften.
- 1939 *Priesterweihe* in Paris.
- 1947 *Rückkehr* nach Österreich.
- 1950 *Leiter* der Caritas der Erzdiözese Wien.
- 1992 *Tod.* 30. April in Wien.

GERLINDE KALTENBRUNNER:
DAS IST DER GIPFEL 2021
P.S. Wien N.4.32
P. Sengl 21
P. SENGL 2021

Demut auf den Dächern der Welt

Die höchsten Berge sind ihre Lehrmeister. Als erste Frau schafft es **Gerlinde Kaltenbrunner** mit Willensstärke und Respekt vor der Natur, sämtliche Achttausender-Gipfel zu besteigen. Ohne Fixseile, Sauerstoffmaske und Unterstützung von Sherpas.

Als sie 16-jährig einen Diavortrag über den K2, den zweithöchsten Berg der Welt, sieht, weiß die Hobby-Kletterin, dass ihr die heimischen Alpen zu wenig Herausforderung sind.

Gerlinde Kaltenbrunner aus Kirchdorf an der Krems im Traunviertel träumt von diesem Moment an von Achttausender-Besteigungen im Karakorum-Gebirge und im Himalaya. Auch wenn in jenem Jahr des Diavortrags der aus ihrer Heimat stammende Bergsteiger Alfred Imitzer während eines sechstägigen Sturms am gefürchteten K2 während des Abstiegs ums Leben kommt. Insgesamt sterben 1986 am K2 – der unter Alpinisten als der schwierigste Achttausender gilt – insgesamt 13 Menschen.

Das junge Mädchen verdankt seine Liebe zu den Bergen dem Pfarrer Erich Tischler. Nach der sonntäglichen Messe nimmt er seine Ministrantin immer wieder auf Bergtouren rund um ihre Heimatgemeinde mit. Ihre erste „echte" Klettertour unternimmt sie als 13-Jährige auf den 2028 Meter hohen Sturzhahn im Toten Gebirge.

Während der folgenden Jahre beherrschen Ski-, Eis- und Klettertouren das Leben von Gerlinde, die in Wien zur Krankenschwester ausgebildet wird: „Ich habe früh einen sehr intensiven Zugang zur Natur bekommen und habe gelernt, sie zu respektieren. Der Schöpfung gegenüber achtsam zu sein – das hat mir unser Pfarrer mitgegeben. Ich bete jeden Tag zweimal, morgens und abends. Erst lasse ich durch Meditation völlige Stille und Ruhe einkehren, dann halte ich ein Zwiegespräch mit Gott."

Ihr Lebenstraum, die Bezwingung eines Achttausender-Berggipfels, geht im Alter von 23 Jahren erstmals in Erfüllung: In Pakistan besteigt sie den Broad-Peak-Vorgipfel mit einer Höhe von 8027 Metern. Nach der Besteigung des Nanga Parbat 2003 – ihrem fünften Berg über achttausend Meter – verschreibt sie sich ganz dem Profibergsteigen.

25 Jahre lang träumt Gerlinde von der Bezwingung des K2. Ein Vierteljahrhundert nach dem Diavortrag, an einem Dienstag um 18 Uhr 18, steht Kaltenbrunner im siebenten Anlauf ganz oben – am Gipfel ihres persönlichen Schicksals-

berges. Als erste Frau schafft sie es, sämtliche Achttausender der Welt ohne Sauerstoffmaske, Fixseile und Unterstützung von Sherpas zu besteigen.

Der 8611 Meter hohe Titan hat Kaltenbrunner nicht nur zur Bezwingung der schwierigsten alpinen Herausforderungen motiviert, sondern der K2 hat ihr auch mehrmals die Grenzen gezeigt und sie immer wieder zum Umkehren gezwungen.

Während ihres sechsten Versuchs, die Spitze des K2 zu erreichen, stirbt am 6. August 2010 ein enger Freund rund 300 Meter vor dem Gipfel: Der schwedische Extremskifahrer Fredrik Ericsson rutscht am „Flaschenhals", der letzten gefährlichen Engstelle auf der Route zur Spitze, im tiefen Schnee ab und stürzt 1000 Meter in die Tiefe.

Gerlinde befindet sich rund 40 Meter entfernt in dichtem Nebel am Eishang unter ihm: „Ich stand da wie festgefroren und dachte: Bitte! Das darf nicht sein! Ich habe mich an meinen Steileisgeräten festgeklammert und bin dann runter. Ich bildete mir ein, ich könnte Fredrik finden." Über Funk erfährt sie, dass er tief unten im Schnee vom russischen Bergsteiger Juri Jermatschek gefunden wurde. Nach Rücksprache mit Ericssons Vater entscheidet das Team um Kaltenbrunner, den Toten im Karakorum-Gebirge zurückzulassen.

Jede Achttausender-Expedition verschlingt enorme Geldsummen für Material, Vorbereitung und Lizenzen. Die Akklimatisierung dauert mehrere Wochen, man muss Depots und Zeltplätze errichten, Pfade spuren. Das Umkehren kurz vor dem Gipfel ist für jeden Alpinisten eine schicksalhafte Entscheidung – umso vernünftiger erscheint, dass Kaltenbrunner sechsmal eine K2-Expedition abbricht.

Der ewige Wettkampfgedanke des Alpinismus ist für sie nicht wichtig. Als junges Mädchen tritt sie aus dem Skiclub aus, weil sie nicht gegen Freundinnen um Bestleistungen kämpfen will. Als es darum geht, wer als erste Frau auf sämtlichen 14 Achttausendern steht, betont sie immer wieder, dass ihr diese „Bergsteiger-Olympiade" nicht wichtig sei: „Wenn es mir nur um den Rekord ginge, hätte ich überall die leichteste Route genommen."

–

„Unterschätze nie die Kraft deiner Träume."

–

Mit Disziplin, Geduld, Intuition und Willensstärke – aber hauptsächlich Respekt vor der Natur – erlebt Kaltenbrunner eine einzigartige Karriere: Die höchsten Berge der Welt werden zu ihrer Leidenschaft, zu ihren Lehrmeistern.

Kinder will Gerlinde nie bekommen. Zu sehr bewegt sie das Schicksal der schottischen Extrembergsteigerin und Mutter zweier Kinder Alison Hargreaves. 1995 stirbt sie, die zuvor auch schwanger spektakuläre Soloklettereien unternimmt, auf dem K2. Ihr Mann reist danach mit den beiden Kindern zum Fuß des K2 – um ihnen zu zeigen, wo ihre Mutter geblieben ist.

Ein anderer drehbuchreifer Moment: Ralf Dujmovits, dessen 33-stündige Live-Durchsteigung der Eiger-Nordwand 1999 im Fernsehen übertragen wird, macht auf 7200 Metern im Angesicht der von Blitzen erleuchteten Südwestwand des Mount Everest Gerlinde Kaltenbrunner einen Heiratsantrag. Danach gehen sie in die Alpingeschichte ein – als einziges Ehepaar, das alle 14 Achttausender besteigt. Aber wie man weiß, halten auch die pathetischsten Liebesschwüre nicht immer ewig. 2015 erfolgte die Trennung.

Gerlinde Kaltenbrunner hat inzwischen am Attersee eine neue Liebe gefunden, den Yogalehrer Manfred Jericha. Gemeinsam mit ihm veranstaltet sie Kletter- und Yogawochen auf der Ägäis-Insel Kalymnos, um Demut vor der Natur und das Bewusstsein für eine höhere Macht zu wecken: „Als am Dhaulagiri im Himalaja ein riesiges Schneebrett abging und zwei Spanier und mich begrub, habe ich mich gefragt, warum gerade ich das überleben durfte. Die einzige Erklärung schien mir zu sein, dass meine Zeit noch nicht gekommen war. Ich darf noch hierbleiben. Dafür bin ich sehr dankbar."

LEBENSLINIEN GERLINDE KALTENBRUNNER

- 1970 *Geburt*. 13. Dezember in Kirchdorf an der Krems.
- 1994 *Erster Achttausender*. Broad Peak im Karakorum-Gebirge.
- 2003 *Erste Österreicherin* am Nanga Parbat.
- 2010 *Höchster Gipfelsieg*. Mount Everest am 24. Mai.
- 2011 *Triumph am K2*. 14 Achttausender als erste Frau ohne Sauerstoffgerät.
- 2012 *Auszeichnung* von der National Geographic Society: „Explorer of the Year".

EBERHARD WÄCHTER IN MEINER
FLEDERMAUS 2021
P.S. Wien N.7.52 P.Sengl 21
P.SENGL 2021

Königstiger und Menschenfresser

Vom Stehplatz zum Staatsoperndirektor. **Eberhard Waechter**, einer der bedeutendsten Baritone des 20. Jahrhunderts, ist auch eine der schillerndsten Figuren der Opernwelt – mit einer einzigartigen Bühnenpräsenz. Ein Weltstar, der lieber in Wien bleibt.

Erwin Kerber, Direktor der Wiener Staatsoper, pflegte stets an die Tür des eigenen Büros zu klopfen, um zu erkunden, ob sein Nachfolger schon drinnen saß. Ein halbes Jahrhundert danach wird der Sänger Eberhard Waechter Leiter des „Hoftheaters ohne Hof" (Theodor W. Adorno). Eines Opernhauses, in dem schon seit Gustav Mahler vor 120 Jahren zermürbende Intrigen zum Alltag des Direktors gehören.

Waechter, einer der bedeutendsten Baritone des 20. Jahrhunderts, ist auch eine der schillerndsten Figuren der Opernwelt. Mit einer Bühnenpräsenz, die einzigartig ist. Autoritär und jähzornig, ungeduldig und temperamentvoll, aber auch charmant und gewinnend, erträgt er keinen Widerspruch. Wie ein „Menschenfresser und zugleich Schützer der Schwachen, ein Königstiger, der nur will, dass man ihn im Auge hat" (Otto Schenk). Als Betriebsrat der Staatsoper ist Waechter mächtiger als der Direktor.

Die liebsten Dirigenten sind für ihn jene, die möglichst wenig probieren. Wann immer es geht, meidet er Proben, nur mit Schenk probt er gern. Zur Freude der anderen sind diese Begegnungen immer kabarettreif. Er wird in der Staatsoper gern als „Herr Baron" angesprochen, nie geschminkt und hasst Perücken.

Waechters Arbeitstag als Direktor – „Bridge spielen ist eine Kunst, Oper leiten eine Situation" – beginnt um 9 und endet pünktlich um 13 Uhr. Die Vormittagsjause ist ihm heilig, er bringt sie selbst mit. Mittags isst er immer zu Hause – denn „nur Vagabunden speisen in Gasthäusern".

Ioan Holender über seinen langjährigen Freund und Vertrauten: „Er war hochmusikalisch, ein guter Pianist und mit einer besonders schönen, technisch bestens geführten Baritonstimme gesegnet. Dazu auch darstellerisch hoch begabt und eine imposante Erscheinung. Er war der beste Bariton im deutschen Fach – sang aber am liebsten in italienischen Opern. Er war der beste Don Giovanni seiner Zeit, doch er mochte die Rolle nicht, sie sei ‚viel zu lang'." Holender erinnert sich an Waechters Anruf von einem uralten Schilling-Automaten: „Ich bin beim Heurigen mit den zwei Wedeln (Scholten und Springer,

Anm.), die mir die Operndirektion anbieten. Also machst mit? Antwort schnell, denn der Schilling läuft gleich ab …"

Eberhard Waechter ist der Sohn eines aristokratischen Musikwissenschaftlers: Bereits im Alter von zwölf Jahren „waren wir täglich am Stehplatz in der Oper. Zu Hause haben wir dann immer herumgeplärrt, sangen Opern mit verteilten Rollen. Meine Partien waren die Isolde, Brünnhilde und Santuzza, Siegmund und Tannhäuser."

Nach der Matura wird Eberhard zum Koch ausgebildet und studiert nebenbei Musik. Er will Dirigent, später Pianist werden. 1950 beginnt er eine Gesangsausbildung bei der berühmten Elisabeth Radó. Aus finanziellen Gründen arbeitet er im Bankhaus Schoeller. Sein Schulfreund Waldemar Kmentt, bereits gefragter Tenor, vermittelt Eberhard ein Vorsingen an der Wiener Volksoper, er wird dort und dann an der Staatsoper Ensemblemitglied. Zwischen 1954 und 1982 singt Waechter die wichtigsten Partien seines Faches wie die Titelrollen in „Don Giovanni", „Simon Boccanegra" und „Dantons Tod", den Grafen in „Le nozze di Figaro", den Mandryka in „Arabella" oder den Scarpia in „Tosca". Aber auch in Operetten zum Beispiel als Eisenstein in „Die Fledermaus" begeistert er das Publikum und Experten – deren Kritiken er nie liest.

Bereits wenige Jahre nach seinem Debüt tritt er meist umjubelt an der Scala, an der Met und in Bayreuth auf. Doch das Reisen wird ihm bald zur Last. Seinen Status als Weltstar opfert er – es ist bequem, nur in Wien oder Salzburg aufzutreten. Im Salzkammergut baut er sich eine Sommerresidenz. Als fanatischer Fußballfan lässt er einen eigenen Platz errichten. Vermutlich einen der schönsten der Welt – mit Blick auf den funkelnden Irrsee. Sonntagnachmittags wird während der Salzburger Festspiele Fußball gespielt. In der Waechter-Mannschaft laufen seine Söhne und der eine oder andere Halbprofi ein – denn der Hausherr verliert ungern. Zu gewinnen ist ihm wichtiger, als abends den Don Giovanni mit Karajan in Salzburg zu singen …

–

„Ich bin ein großer Verfechter des Buh-Rufens. Ich finde, man soll, wenn einem etwas nicht gefällt, ohne Weiteres seinem Unmut Luft machen."

–

In der anderen Fußballtruppe spielen mäßig begabte Kicker wie Helmuth Lohner und Heinz Marecek, Ioan Holender und Otto Schenk. Manchmal auch ich. Kein Wunder, dass Waechter & Co. fast immer hoch gewinnen. Nur einmal, an einem schwülen Augusttag des Jahres 1977, passiert es: Durch ein zufälliges Tor des stolpernden Otto Schenk verfallen wir in einen Spielrausch und gewinnen knapp. „Adieu, schleicht's euch", brüllt Waechter, der Spross einer adeligen Gelehrtenfamilie, der Herr Kammersänger, der spätere Staatsoperndirektor, „lasst's euch nie wieder hier blicken, ihr Gsindel!" Ein Sieg in einer anderen Sportart soll seine Laune wieder heben. Bei Heinz Holeceks Hustenanfällen während der

Tennispartie fordert Waechter: „Spiel oder stirb!" Der barock-lebenslustige Bariton ist einer der Lieblingssänger Herbert von Karajans. Nach einer heftigen Auseinandersetzung schenkt er Waechter zur Versöhnung ein Packerl chinesischen Tee.

Noblesse in Stimme und Statur, aber auch Selbstironie dominieren sein Leben. 1991 übernimmt er neben der Volksoper gemeinsam mit Ioan Holender auch die Leitung der Wiener Staatsoper. Ein Traum geht in Erfüllung: „Jetzt freu ich mich jeden Abend auf drei Dinge – aufs Frühstück, dass ich nicht mehr singen muss und dass ich als Direktor in die Oper gehen darf." Nach nur sieben Monaten sind die vielen Pläne wie die Repertoirepflege und der Aufbau eines jungen Ensembles statt jettender Stars zu Ende.

Während eines Spaziergangs mit seiner Frau Franzi, Gräfin Marenzi, nach einem Geburtstagsempfang der Wiener Philharmoniker stirbt der Künstler mit scheinbar unermüdlicher Lebensfreude. An Herzversagen. Bei strahlendem Wetter. Im Wienerwald, gegenüber der Marswiese. Eberhard Waechter ist erst 62 Jahre alt.

LEBENSLINIEN EBERHARD WAECHTER

- 1929 *Geburt.* 8. Juli in Wien.
- 1953 *Debüt* an der Wiener Volksoper als Silvio in „I pagliacci".
- 1955 *Mitglied* der Wiener Staatsoper.
- 1987 *Direktor* der Wiener Volksoper bis 1992.
- 1991 *Direktor* der Wiener Staatsoper gemeinsam mit Ioan Holender.
- 1992 *Tod.* 29. März in Wien.

LÖWEGEBORENER AXEL CORTI
MIT GOLDENER KAMERA 2021
P.S. Wien 11.7.32 P. Sengl 21
P. SENGL 2021

Der Wahrheit besessen auf der Spur

Das Multitalent bleibt ein Leben lang ein Rastloser. Regisseur **Axel Corti** will wissen, wie Menschen zu dem werden, was sie sind. Er gehört zu keiner künstlerischen Clique. Der Qualitätsanspruch des Querdenkers macht ihn zu einem Einzelgänger.

Sein Pariser Spitz ist legendär. Aber auch für Kardinalschnitten kommt man von weit her: Stefan Weiss führt sein Café in Ober-Grafendorf bei St. Pölten in dritter Generation. Ab 1987 gibt es für den Konditor jeden Sonntag Minuten der Entspannung. Mit akustischen Leckerbissen. Wenn Axel Cortis Radio-Feuilleton „Der Schalldämpfer" erklingt. Der Zuckerbäcker nimmt jede einzelne Sendung auf Kassette auf – großes Glück für den ORF, aus ungeklärter Ursache sind die Sendungen im Archiv nämlich verschwunden. Der kulturbegeisterte Konditor übergibt seine Mitschnitte, die Edition Ö1 bringt die Kultsendung in Serie heraus.

Für Gerd Bacher ist „Der Schalldämpfer" „die größte Miniatur, die wir je hatten – wahrscheinlich ein permanenter Verstoß gegen die im Rundfunkgesetz verankerte Objektivität". Hörfunkintendant Ernst Grissemann bringt es auf den Punkt: „Corti hat seine Gabe mit Geist erfüllt." Mit unvergleichlicher Stimme, bizarrem Humor und Empörung über alltägliche Dummheit und die Menschen, die mit der Mode der jeweiligen Zeit dahinschlittern, erzählt er Geschichten.
Und Corti moderiert den „Club 2". In der legendären Ledergarnitur wird gestritten, geraucht und Soletti geknabbert. Empörung und Engagement des Gastgebers sind – trotz seiner leisen Töne – oft ansteckend. Es wird bis weit nach Mitternacht diskutiert.

Axel Corti wird 1933 in einem eleganten Pariser Vorort geboren, wo sich seine Eltern fünf Jahre zuvor niedergelassen haben. Bis zu seinem zehnten Lebensjahr verlebt er seine Kindheit in Frankreich. Es folgt die Emigration mit den Eltern in die Schweiz, danach eine Odyssee durch mehrere Länder und 13 Schulen. Noch während Axel in Innsbruck die Arbeitermittelschule besucht, jobbt er als Anzeigenkeiler, Reporter und Rundfunksprecher. Auch eine landwirtschaftliche Lehre wird absolviert. Er nimmt Schauspielunterricht und wird mit 23 Jahren Leiter der Literatur- und Hörspielabteilung des ORF-Studios Tirol.

Während der 1960er-Jahre entwickelt er sich zu einem Suchenden, der kein Risiko scheut, dem man alles zutraut: von Pop bis zu Opern. Von Regieassistenz am Burgtheater bis zum Lehrer am Reinhardt-Seminar. 1963 führt er im letzten

Film von Hans Moser, „Kaiser Joseph und die Bahnwärterstochter", Regie. Sobald er ein neues Genre erprobt hat, sucht er sich ein anderes. Herausragend „nach allen Umwegen und Ausflügen" sind seine Fernsehfilme.

Den Ruf als sensibler Filmgestalter begründet Corti mit dem TV-Dokumentarspiel „Der Fall Jägerstätter". Der Film basiert auf der authentischen Geschichte eines Landwirts, der den Wehrdienst verweigert – weil er als tiefgläubiger Christ nicht an einem Krieg teilnehmen dürfe und das nationalsozialistische Regime verabscheue. Er wird zum Tod durch das Fallbeil verurteilt.

Auch im Film „Die beiden Freundinnen" nach Alfred Döblin im Berlin der 1920er-Jahre, deren ausweglose Situation sie in einen Giftmord treibt, inszeniert Corti voller Einfühlungsvermögen. Oder in Michael Scharangs „Totstellen": Der Sohn eines burgenländischen Landarbeiters ist in der Stadt einer skrupellosen Baumafia ausgeliefert. In „Herrenjahre" schildert Corti detailliert das dumpfe Leben des Philisters Bruno Melzer und in „Das eine Glück und das andere" die ungehemmte Lebensgier einer jungen Frau während der 1950er-Jahre.

Axel Corti will wissen, wie Menschen zu dem werden, was sie sind. In der Verfilmung des Franz-Werfel-Dramas „Eine blassblaue Frauenschrift" dokumentiert er den Aufstieg eines Kleinbürgers durch die „ununterbrochene Anpassung, die zur zweiten Natur werden kann". Schwäche als Triebfeder, Verlogenheit im Schutz bürgerlicher Gediegenheit dominieren. Der Regisseur Corti berichtet immer von Figuren, ohne anzuklagen. Ohne zu denunzieren.

Beinahe zehn Jahre lang dauern die Vorbereitungen zu dem dreiteiligen Emigranten-Epos „Wohin und Zurück" nach dem Drehbuch von Georg Stefan Troller, der darin viel Autobiografisches aufarbeitet. Im letzten Teil der Trilogie „Welcome in Vienna" – für den Oscar nominiert – sieht sich der Heimkehrer aus dem Exil mit einer Mauer aus Verdrängen- und Vergessen-Wollen beharrlicher Nazis konfrontiert. Die französische Zeitung *L'Observateur* schreibt, seit „Der Dritte Mann" habe kein Film das Wien der Nachkriegszeit besser dargestellt.

Corti wird zum Mann des Jahres gewählt, er ist von hymnischen Kritiken, vor allem im Ausland – in Paris locken seine Filme innerhalb weniger Wochen 50 000 Besucher in die Kinos –, verwöhnt, auf internationalen Filmfestivals avanciert der Österreicher zu einem umjubelten Star. In Wien will man ihn für den Posten des ORF-Programmdirektors gewinnen. Er lehnt entschieden ab.

–

„Einfach die Fantasie in Gang setzen. Sich vorstellen: Ich riskiere, ich wage; endlich einmal wage ich – und spreche aus. Halte nicht mehr hinterm Berg."

–

Axel Corti gehört zu keiner künstlerischen Clique und scheut auch jede Mitgliedschaft in einer Partei. Er bleibt ein Leben lang ein Rastloser, ein Besessener. Sein Qualitätsanspruch macht ihn zu einem schwierigen Menschen, zu einem Einzelgänger. Seine Frau Cecily Corti, die durch ihren Einsatz für Obdachlose in Wien bekannt und vielfach ausgezeichnet wird, erinnert sich in einem Interview an drei Jahrzehnte Ehe: „Axel führte Regie, auch zu Hause. Er wollte meine totale Hingabe und ebenso absolute Eigenständigkeit, Souveränität, auch Eleganz. Vor allem aber nie einen Anflug von Erschöpfung oder gar Traurigkeit."

Seine letzte Arbeit, die Verfilmung von Joseph Roths Roman „Der Radetzkymarsch", kann Corti nicht mehr vollenden. Kameramann Gernot Roll stellt den Film fertig. Während der Dreharbeiten erzählt Corti in elf „Schalldämpfern" von der Mühe des Filmemachens, über die Kälte und das ewige Warten, aber auch über das Atem-Anhalten, wenn Max von Sydow als Baron Trotta sein ganzes Können ausspielt.

Axel Corti lebt 20 Jahre lang in einem alten, umgebauten Pfarrhof nördlich von Salzburg und stirbt kurz vor dem 60. Geburtstag.

LEBENSLINIEN AXEL CORTI

- 1933 *Geburt.* 7. Mai in Boulogne-Billancourt bei Paris.
- 1960 *Erste Regiearbeiten* am Wiener Burgtheater.
- 1967 *Radiogeschichte* mit „Der Schalldämpfer" bis 1993.
- 1971 *Erster großer Filmerfolg* mit „Der Fall Jägerstätter".
- 1986 *Internationaler Durchbruch* mit „Welcome in Vienna".
- 1993 *Tod.* 29. Dezember in Oberndorf/Salzburg.

KARL FELLINGER STÄRKT UNS DEN RÜKEN 2021
P.S. Wien N. 7.82 P.Sengl 1.21
P. SENGL 2021

Arzt der Könige und König der Ärzte

Als Internist behandelt er Potentaten und Präsidenten. Der zukunftsorientierte **Professor Karl Fellinger** baut im Alten AKH unter schwierigsten Bedingungen eine moderne Abteilung für Innere Medizin auf: mit dem besten Elektronenmikroskop der Welt.

König Ibn Saud reist mit großer Entourage – darunter sechs seiner Söhne, mehrere Frauen seines Harems und der saudische Gesundheitsminister – in drei Flugzeugen an. Immerhin besitzt er die 22-Zimmer-Villa Hummer in der Hinterbrühl.

Während der saudi-arabische König Abd al-Aziz Ibn Saud kreislaufgeschwächt und an einem Zwölffingerdarmgeschwür laborierend in Wien vom renommierten Mediziner Karl Fellinger be handelt wird, führen seine Söhne in Nachtlokalen ein ausschweifendes Leben. König Sauds ziegenbärtiger Zahlmeister Ahmed Obeid hat ihnen jeden Wunsch zu erfüllen – damit die Nachkommen des saudischen Monarchen auch in Wien das Märchen von Tausendundeiner Nacht leben können: Unter anderem kauft er in der Wiener General-Motors-Vertretung an einem Tag, was gerade im eleganten Ringstraßen-Autosalon ausgestellt ist: Es sind, erinnert sich Prokurist Pasching, elf Chevrolet, neun Chrysler, fünf Cadillac und zwei Buick.

König Ibn Saud garantiert bei seinen Aufenthalten in der Obhut seines Leibarztes Karl Fellinger im Rudolfinerhaus während der 1950er- und 1960er-Jahre aber auch gute Geschäfte, lässt auch heimische Firmen gesunden.

Die Liste der Potentaten, die der international anerkannte österreichische Arzt behandelt, ist beeindruckend: Neben König Ibn Saud und dessen Vater Abd al-Aziz, der 1932 das Königreich Saudi-Arabien gründet, Indonesiens Präsident Sukarno, König Hassan II. von Marokko und dem pakistanischen Präsidenten Zia ul Haq konsultieren der Präsident von Sierra Leone Siaka Stevens und der ökumenische Patriarch Athenagoras I. von Konstantinopel den Wiener Internisten. Bald nennt man ihn „Arzt der Könige".

Auch Schah Mohammad Reza Pahlavi sucht bei Karl Fellinger 1962 medizinischen Rat. Nach der ersten Behandlung lädt der Schah in die persische Botschaft ein: An einer hufeisenförmigen Tafel werden Riesenschüsseln der besten Kaviar-Sorte „Pearls oft the Caspian Sea" gereicht.

Doch der orientalische Glanz blendet Fellinger nie. Er stellt sich immer Fragen der ärztlichen Ethik – und scheut keine unbequemen Diskussionen. Wien wird durch den Doyen der klinischen Medizin Österreichs zur begehrten Adresse. Darauf haben auch Neutralität und aktive Nahostpolitik von Bundeskanzler Kreisky Einfluss – schon als Außenminister gelingt es ihm, die OPEC-Zentrale in Wien anzusiedeln.

Der 1904 in Linz geborene Fellinger studiert an der Universität Wien bei medizinischen Mentoren wie Anton Freiherr von Eiselsberg, dem früheren Assistenten Theodor Billroths, bei Julius Tandler und Theodor Wagner-Jauregg. Als 33-Jähriger habilitiert sich Fellinger mit einer Arbeit über Hormonforschung für Innere Medizin. Im selben Jahr wird er Vorstand einer Abteilung am Krankenhaus Lainz.

Während der Herrschaft der Nationalsozialisten entzieht man dem Arzt aus politischen Gründen die Lehrbefugnis. 1940 wird Fellinger als Arzt zum Militärdienst in Polen und Russland einberufen. Nach Ende des Krieges wird er 1946 als Ordinarius an die II. Medizinische Universitätsklinik bestellt, die er fast 30 Jahre lang leitet.

Unter seiner Ägide wird am Allgemeinen Krankenhaus unter schwierigsten Bedingungen eine moderne Abteilung für Innere Medizin aufgebaut: Bereits 1952 kann der zukunftsorientierte Fellinger mit einem Elektronenmikroskop – dem damals modernsten der Welt – arbeiten. Auch weil die Nuklearmedizin zu seinen Forschungsschwerpunkten zählt. Kurz danach ermöglicht er mit der „Spulenniere", einer revolutionären Entwicklung des Dialyse-Verfahrens, Patienten eine bessere Behandlung. Im April 1968 eröffnet Fellinger die neue Computerstation.

Um bei Rückenerkrankungen den Schmerz zu reduzieren, entwickelt der Internist die „Fellinger-Infusion", einen nebenwirkungsfreien Cocktail aus Cortison, Novalgin und Vitamin B12, der bei akuten Schmerzen im Bereich der Lendenwirbelsäule drei bis fünf Tage lang verabreicht wird.
Die Ergebnisse seiner wissenschaftlichen Forschungen veröffentlicht er im „Lehrbuch der inneren Medizin" und in mehr als 300 Artikeln. Mit seiner TV-Serie „Der gläserne Mensch", in der er Ende der 1970er-Jahre leicht verständlich und spannend Zusammenhänge der Medizin erklärt, wird Fellinger auch zu einer Ikone der österreichischen Fernsehgeschichte.

–

„Die Angst der Patienten vor schädigenden Nebenwirkungen ist oft so groß, dass sie auf die Einnahme der Medikamente verzichten – und sich damit ernsten Schaden zufügen."

–

1953 heiratet der Mediziner die Pianistin und ehemalige Widerstandkämpferin Barbara Issakides. Nach dem Tod ihres Mannes gründet sie 2002 die „Fellinger-Krebsforschung". Josef Schwarzmeier, der Präsident des Vereins, meint: „Fellinger selbst, kein Onkologe, war sich der Geißel der Menschheit bewusst." 2011 stirbt Barbara Fellinger im 97. Lebensjahr und vermacht dem Forschungsverein den Großteil ihres Vermögens. Die Patienten des charismatischen, weltberühmten Fellinger sind nicht nur Könige und Kirchenfürsten, Diplomaten und Präsidenten, sondern auch wenig bemittelte Menschen, die er im von Theodor Billroth gegründeten Privatspital Rudolfinerhaus, das er bis 1994 leitet, oft ohne Honorar behandelt.

Vier Jahrzehnte lang fungiert er als Präsident des Obersten Sanitätsrats, ist an der Planung des neuen AKH beteiligt und beeinflusst als Internist und Forscher wesentlich die Entwicklung der österreichischen Medizin im 20. Jahrhundert. Karl Fellinger gilt für viele Kollegen als Mentor der „Neuen Wiener medizinischen Schule", für manche ist er der „Arzt der Könige und König der Ärzte".

Sein Vermächtnis bringt der zukunftsorientierten Mediziner Fellinger bereits vor 50 Jahren auf den Punkt: „Klar ist, dass mit dem rapiden Fortschreiten diagnostischer und therapeutischer, für den Kranken oft angstmachender, belastender Techniken die enge Zusammenarbeit zwischen Arzt und Patient immer wichtiger wird."

LEBENSLINIEN KARL FELLINGER

- 1904 *Geburt.* 19. Juni in Linz.
- 1946 *Vorstand* der II. Medizinischen Universitätsklinik Wien bis 1975.
- 1947 *Präsident* des Obersten Sanitätsrats bis 1992.
- 1952 *Modernisierung* der Uni-Klinik u. a. durch das damals beste Elektronenmikroskop der Welt.
- 1977 *Beginn* der erfolgreichen Fernsehserie „Der gläserne Mensch".
- 2000 *Tod.* 8. November in Wien.

TONI SAILER DER SCHWARZE
BLITZ VON KITZ 2021
P.S. WienN.7.32
P.Sengl 21

Der schwarze Blitz von Kitz

Toni Sailer, der vielleicht größte Skisportler aller Zeiten, ist auch Schlagersänger und Schauspieler. Seine unvergleichlichen Triumphe auf der Piste sind nur neun Monate nach dem Staatsvertrag auch ein Symbol für den Wiederaufbau Österreichs.

Als der Bub zum ersten Mal auf Brettln steht, betrachtet der Vater seine Rückenlage skeptisch – mit wenig Hoffnung, dass aus Toni einmal ein Skifahrer werden könnte.

Doch bereits im nächsten Winter steht er richtig auf den Ski. Und los geht's: Er fährt dem Vater nach, auf der Hinterbräuleiten, am Ganslernhang, über die Kaser, die Fleck. Und im Alter von sechs Jahren kommt die Streif dran. Auf der an einzelnen Stellen kaum zwei Meter breiten gefürchteten Rennstrecke lernt Toni exakt zu fahren. Der Vater steckt ein „Stäudei", einen Tannenzweig, in den Schnee der Piste – genau dort, wo der Zweig steckt, muss der Bub den Schwung setzen.

3,46 Kilometer oder 2,52 Minuten sind es, die Toni Sailer 15 Jahre später zu einer Reihe unglaublicher Erfolge führen: In Cortina d'Ampezzo erreicht er einen historischen Triumph. Innerhalb weniger Tage wird er zur Skilegende. Der Österreicher mit seiner weißen Zipfelmütze ist der erste Skiläufer, der bei Olympischen Spielen sämtliche Herrenwettbewerbe gewinnt. Ob in der Abfahrt, dem Riesentorlauf oder dem Slalom, in Cortina ist 1956 niemand schneller als Toni Sailer. Seine Siege sind auch – neun Monate nach dem Staatsvertrag – ein Symbol für den Wiederaufbau Österreichs.

Zwei Jahre danach avanciert der Ausnahmesportler bei der Weltmeisterschaft von Bad Gastein mit drei weiteren Goldmedaillen zum erfolgreichsten Skirennläufer der Geschichte.

An einem Sonntag im November des Jahres 1935 kommt Anton *Toni* Engelbert zur Welt. Zu Mittag, als die Kirchenglocken läuten. Kurz vor seinem zweiten Geburtstag bekommt er von seinem Vater, der 1914 als Spenglermeister nach Kitzbühel kommt, die ersten Ski.

Tonis ältere Schwester Rosi und sein jüngerer Bruder Rudi sind ebenfalls Skirennläufer. Die Sailer-Kinder wachsen bescheiden auf: „Jeder Luxus, zu dem man in Kitzbühel so leicht verführt wird, war bei uns zu Hause streng verpönt", erinnert sich Sailer nach dem Triumph von Cortina d'Ampezzo als Zwanzigjähriger. „Als ich von Empfängen, bei denen es oft sehr hoch herging, heimkam, setzte mir meine Mutter in der Küche den Grießbrei vor, den ich früher abends bekommen habe. Er hat mir besser geschmeckt als manches vornehme Gericht an den Galatafeln."

Toni absolviert professionell wie kein anderer und voller Leidenschaft eine nur kurze Karriere als Skifahrer: Sailer ist erst 23 Jahre alt, als er mit dem Rennfahren aufhört. Die FIS will ihm den Amateurstatus aberkennen, weil er Filme dreht und Schlager singt. Lieder mit fröhlichen Refrains wie „Ich bin der glücklichste Mensch auf der Welt – gute Laune ist mehr wert als Geld". Er landet alternierend mit Peter Kraus oder Elvis Presley immer wieder am Cover der Teenager-Illustrierten *Bravo*. Aber Sailer besucht auch die Schauspielschule in Berlin und tritt bald erfolgreich in Boulevard-Komödien auf. Sein schauspielerisches Talent reicht sogar für eine Rolle in Arthur Millers Drama „Tod eines Handlungsreisenden".

Die kurze Zeit im Skirennsport genügt, um zum Idol, zum Vorbild und Volkshelden, zum ersten Pop-Star des Sports aufzusteigen: Nach der Rennkarriere wird er Funktionär im Österreichischen Skiverband und ist 20 Jahre lang sportlicher Direktor des legendären Hahnenkamm-Rennens in Kitzbühel, wo er schon immer frenetisch als „großer Sohn" gefeiert wird.

Eine Audienz beim damals erst 23-jährigen Kronprinzen und späteren Tenno Akihito in den 1950er-Jahren lässt den „Kuroi inozuma", den „schwarzen Blitz", auch in Japan zu einem Superstar werden. Sein Film „Zwölf Mädchen und ein Mann" des Jahres 1959 ist in Japan erfolgreicher als Blockbuster wie „Vom Winde verweht". Sailers Schlager „Am Fujijama blüht kein Edelweiß", geschrieben vom Hildegard-Knef-Komponisten Hans Hammerschmidt, katapultiert die charismatische Skilegende fünf Jahre später auf den Olymp der japanischen Teenagerwelt. Als 40 Jahre später in Österreich der „Sportler des Jahrhunderts" gewählt wird, ist er der logische Gewinner.

1964 wendet sich Sailer vom Showbusiness ab und zieht nach Kanada, wo er sich wieder dem Skisport widmet, ein Skicamp in Whistler nördlich von Vancouver aufbaut und Material für die immer professioneller werdenden Skifirmen entwickelt. Erst während der 1970er-Jahre kehrt er nach Österreich zurück, arbeitet für den ÖSV und gründet eine Skischule.

–

„Wirklich reich ist nur der, der Ziele hat."

–

Ein düsterer Schatten schwebt über dem makellosen Leben des Ski-Idols. 1974 besteht der Verdacht, dass Toni Sailer in eine Vergewaltigung verwickelt ist. Im polnischen Skiort Zakopane, wo am 6. März ein Weltcupslalom stattfindet, wird gegen ihn wegen Notzucht ermittelt. Gemeinsam mit zwei Funktionären trifft er in einem Hotelzimmer eine 28-jährige Polin. Alkohol ist im Spiel. Bei Janina S. werden später erhebliche Verletzungen festgestellt. Sie ist eine von jenen Frauen im damaligen Ostblock, die sich bei internationalen Veranstaltungen in der Hoffnung auf Devisen in Hotel-Bars zeigen. Die Zeitungen vermelden den Vorwurf nur knapp, Sailer habe 5000 Dollar Kaution hinterlegt. Einen Tag später darf er ausreisen und behauptet, ihm sei „vom kommunistischen Regime eine Falle gestellt worden".

Die Regierung Kreisky ist bemüht, „die Angelegenheit einvernehmlich aus der Welt zu schaffen". Die polnische Staatsanwaltschaft stellte das Verfahren ein, der Vorwurf wird von „Notzucht" auf „Körperverletzung" heruntergestuft. Zu einer Anklage kommt es nicht.

„Angst habe ich auf der Streif, aber nicht vor dem Tod", stellt Toni Sailer am Ende seines Lebens fest. Im Sommer 2009 stirbt er nach einer langen Krankheit an einem Hirntumor. Auf seinem Grabstein am Stadtfriedhof Kitzbühel ist neben den Lebensdaten „Berühmt, beliebt, bescheiden" eingraviert.

LEBENSLINIEN TONI SAILER

- 1935 *Geburt.* 17. November in Kitzbühel.
- 1955 *Erster von fünf Siegen* beim Lauberhornrennen in Wengen.
- 1956 *Olympische Spiele in Cortina d'Ampezzo.* Vierfacher Weltmeister und dreifacher Olympiasieger.
- 1957 *Erster Film*: „Ein Stück vom Himmel".
- 1958 *WM in Bad Gastein.* Dreifacher Weltmeister.
- 2009 *Tod.* 24. August in Innsbruck.

HELGA RABL-STADLER - MAX
REINHARDT HANDVERSCHRÄNKT 21
P.S, Wien N.4,32
P.SenGL 2021
P.SENGL 21

Die Löwin von Salzburg

Über ein Vierteljahrhundert leitet sie mit Mut, eisernem Willen und gnadenlosem Charme die Festspiele ihrer Heimatstadt. Die „Frau des Jahres" **Helga Rabl-Stadler** ist eine schillernde Persönlichkeit, deren Begeisterung ansteckend ist.

Wenige Tage vor der Eröffnung der Salzburger Festspiele 2021 bekennt Dirigent Franz Welser-Möst: „Ich nenne Helga seit letztem Jahr ‚Die Löwin von Salzburg'. Sie hat den Mut, den Kampfeswillen, den Charme, den Stolz dieser wunderschönen großen Katzen. Sei es gegenüber der Politik, den Künstlern, den Sponsoren oder eben auch einem Virus."

Helga Rabl Stadler. Sie schreibt in ihr Tagebuch: „Wir lassen uns ein 100-Jahr-Jubiläum nicht durch ein Virus kaputtmachen." Sie wagt den riskanten, nicht unumstrittenen Schritt: Die reduzierten Salzburger Festspiele finden mit mehr als 100 Vorstellungen trotz der Covid-19-Pandemie statt. Weder im Publikum noch bei den Künstlern gibt es eine Corona-Erkrankung. Obwohl die *FAZ* zuvor von einem möglichen „Ischgl der Festspiele" schreibt, wird Rabl-Stadler mit ihrer wagemutigen Entscheidung zu einer Vorreiterin für die europäische Kulturbranche.

Die Präsidentin identifiziert sich von Anfang an mit dem Mythos der Salzburger Festspiele: „Ich hätte mich ob des Kleinmuts, nicht zu spielen, vor den Gründervätern geschämt. Auch vor der Generation nach 1945 – da wurde drei Monate nach Kriegsende wieder gespielt", erklärt sie in einem Interview mit der *Wiener Zeitung*.

Für ihren Mut, ihre Ausdauer und ihren eisernen Willen erhält sie nach diesem für sie vielleicht schwierigsten Jahr ihres Lebens den Nestroy-Sonderpreis, sie wird zur „Krisenmanagerin des Jahres" gekürt, für das Magazin *trend* ist Helga Rabl-Stadler die „Frau des Jahres".

Seit mehr als einem Vierteljahrhundert leitet sie in ihrer Geburtsstadt nach dem Hugo von Hofmannsthal-Motto „Wo der Wille nur erwacht, da ist schon fast etwas erreicht!" voller Esprit das weltberühmte Festival. 1995 tritt sie das heiß umkämpfte Amt an, an ihrer Bürotür steht in Messinglettern „Präsident". Als sie darum ersucht, den Titel um ein „in" zu erweitern, richtet man ihr aus, das zahle sich für die kurze Zeit, die sie da sein werde, nicht aus … Längst ist das Türschild korrigiert.

Krisen, Anfeindungen und auch Demütigungen meistert sie fast immer voller Contenance: den Skandal um die Osterfestspiele, als der langjährige Chef der Salzburger Osterfestspiele Michael Dewitte und der Technische Direktor Klaus Kretschmer wegen Untreue und schweren Betrugs verurteilt werden, oder die heftigen Auseinandersetzungen mit ihrem ersten Intendanten Gerard Mortier, der die Präsidentin als „Dirndlverkäuferin aus der Getreidegasse“ bezeichnet.

In mehr als 25 Jahren arbeitet sie mit Intendanten wie Mortier und Alexander Pereira, Schauspiel-Chefs wie Peter Stein und Martin Kušej zusammen, wichtige Stiftungsratsmitglieder und exzentrische Künstler begleiten den Weg der willensstarken Rabl-Stadler.

Die Tochter einer Salzburger Modeunternehmerin erfährt erst als 21-Jährige, dass nicht der Sägewerksbesitzer Wilfried Stadler ihr Vater ist: ORF-Generalintendant Gerd Bacher lädt Helga zum Essen auf Schloss Fuschl ein und bekennt, ihr leiblicher Vater zu sein. Disziplin und detailbesessener Führungsstil, sein gnadenloser Charme und das selbstverständliche Verhältnis zur Macht sind auch bei seiner Tochter erkennbar.

Rabl-Stadler kann auf eine bewegte Karriere zurückblicken – bei der das Privatleben manchmal eine untergeordnete Rolle spielt. Nach dem Jusstudium besucht sie die Lehrredaktion der *Presse*, schreibt in der *Wochenpresse* und wird 1974 im *Kurier* die erste weibliche politische Kolumnistin des Landes: Schon bald fürchten Politiker aller Couleurs ihre Artikel voller innenpolitischer Interna.

Nach einigen Jahren übersiedelt Rabl-Stadler zurück nach Salzburg und arbeitet im Mode-Familienbetrieb mit. Bald fördert sie Rudolf Sallinger, ab 1983 ist sie Nationalratsabgeordnete der ÖVP, wird zur Präsidentin der Wirtschaftskammer Salzburg gewählt, als die sie für flexiblere Arbeitszeitlösungen, Liberalisierung der Ladenschlusszeiten und eine bessere Verankerung von Sponsoring im Steuerrecht (nicht unwichtig für ihre spätere Festspiel-Präsidentschaft) kämpft.

–

„Max Reinhardt meinte, die Festspiele sind ein politisches, künstlerisches und ökonomisches Projekt. Das ist auch heute die Herausforderung: Wir müssen uns aller drei Wurzeln bewusst sein.“

–

Sie selbst stellt sich Herausforderungen. Auch in schwierigen Situationen, wie im Jahr 1983: Die Übersiedlung mit den beiden Söhnen Maximilian und Sebastian aus ihrer inzwischen geschiedenen Ehe mit dem langjährigen *profil*- und *Kurier*-Herausgeber Peter Rabl, die Organisation des 60-Jahr-Jubiläums des Familienbetriebs im Salzburger Landestheater, für deren Modeschau 30 internationale Mannequins (für die Jüngeren: so nannte man früher Models) eingeflogen werden, fordern die Salzburger Powerfrau. Gleichzeitig bestreitet sie in diesem Jahr einen aufreibenden Wahlkampf für die ÖVP.

Als kühle Analytikerin, Strategin und Kämpferin verwaltet die vielfach – bis zum „Ritter der Ehrenlegion“ – geehrte Rabl-Stadler voller Verve „Geld & Spiele“ der Salzburger Festspiele. Hart, aber manchmal auch herzlich. Stur, aber manchmal auch konsensbereit. Springt ein Sponsor ab, kontaktiert sie den nächsten. Rund 75 Prozent der Festspiel-Kosten werden selbst erwirtschaftet. Schon Bühnenzauberer, Festivalgründer und Vermarktungsgenie Max Reinhardt schwärmt „vom unversieglichen Strom wohlhabender Reisender". Stolz erklärt Helga Rabl-Stadler: „Wir haben keine Marketing-Abteilung. Unser bestes Marketing ist die Knappheit der Festspielkarten." Ihre Begeisterung ist ansteckend. Ihre flammenden Reden sind legendär, ihre Aussagen eindeutig wie das Statement in der TV-Sendung „Im Zentrum", dass „so ziemlich allen Politikern zweit- bis drittrangig ist, was mit Kunst und Kultur zusammenhängt".

„Ich habe kein Talent zur Pension …", meint die 74-Jährige. Die ehemalige Präsidentin der Salzburger Festspiele ist weiterhin emsig im Kulturbetrieb unterwegs.

LEBENSLINIEN HELGA RABL-STADLER

- 1948 *Geburt*. 2. Juni in Salzburg.
- 1970 *Promotion* zur Doktorin der Rechtswissenschaften.
- 1974 *Erste Frau* als innenpolitische Kolumnistin.
- 1983 *Miteigentümerin* im Familienbetrieb „Modehaus Resmann" in Linz und Salzburg.
- 1983 *ÖVP-Abgeordnete* zum Nationalrat bis 1990.
- 1995 *Ernennung* zur Präsidentin der Salzburger Festspiele.

P. SENGL 2021
W.F. ADLMÜLLER-WIEN
MÜNCHEN-BAD GASTEIN 21
P.S. Wien N.1.32 2021
P. SengL 21

Das Leben zelebrieren

Er gilt als Grandseigneur der Wiener Mode. Für den früheren Koch ist Bekleidung auch eine Frage des Stils, eine Form von Kunst. Mehr als ein halbes Jahrhundert lang prägt **Fred Adlmüller** die österreichische Haute Couture. Im Dienste der Schönheit.

Nicht ganz zeitgemäß klingt das Zitat von Karl Lagerfeld: „Wer eine Jogginghose trägt, hat die Kontrolle über sein Leben verloren." Vermutlich hätte ihm eine der schillerndsten Figuren des Modezirkus recht gegeben: Fred Adlmüller. In seinem Salon im Wiener Palais Esterházy huldigt der ehemalige Koch, der 1982 als „Herr Hofrat" geadelt wird, über Jahrzehnte der Wiener Couture.

Für ihn ist Mode nicht nur Kleidung, sondern auch eine Frage des Stils, eine Form von Kunst. Mode soll widerspiegeln, wer man ist und was man fühlt. Adlmüller ist überzeugt davon, dass Mode auch bedeutet, Mut zu seiner eigenen Persönlichkeit zu bekennen.

„Selbstvertrauen ist das beste Mode-Accessoire", meint Vivienne Westwood, die es schafft, Anarchismus, Attitüden des Punks und Haute Couture zu verbinden. Von ihrem Credo wäre auch Fred Adlmüller überzeugt. Und gibt diesen Gedanken als Zugabe seiner Kreationen der erlauchten Kundschaft mit: den Frauen der Bundespräsidenten in ihren Opernballroben, Diven der Oper und des Kinos, (einfluss)reichen Frauen Europas. Weltoffen umgibt sich Adlmüller in seinem Wiener Salon oder den Dependancen in Bad Gastein und München mit prominenten Frauen, die seinem stilistischen Rat folgen: Hildegard Knef und Lotte Tobisch, Lisa della Casa und Christa Ludwig.

Bei pompös inszenierten Modeschauen führen Hausmannequins – darunter Nadja Tiller, die sich während ihres Studiums am Reinhardt Seminar beim glamourösen Modeschöpfer ein Taschengeld verdient – Gesellschafts-, Abend- und Ballkleider vor. Die Hautevolee ist sich einig: In Wien kann man sich nur im Salon Adlmüller einkleiden. Unter den Gästen der Modegalas sieht man Curd Jürgens oder die Doyenne der Hollywood-Society Elsa Maxwell. Auch Zarah Leander und Romy Schneider, Soraya und die Begum oder die Königinnen von Dänemark, Griechenland und Thailand schätzen die Kreationen des schillernden Modezars von Wien.

Seit der Monarchie steht Wiener Couture als Weltbegriff für Eleganz, erlesene Handarbeit und unvergleichlichen Stil. In Salons wie beim Hoflieferanten Bohlinger & Huber, bei Christoph Drecoll, der auch Reitkostüme für Kaiserin Elisabeth entwirft, und im achtstöckigen Kaufhaus für „gehobene“ Kundschaft der drei Brüder Zwieback Ecke Kärntnerstraße–Weihburggasse.

Später wird Wiener Couture als Zeichen extravaganter Mode in den Salons von Fred Adlmüller und Franz Faschingbauer gepflegt. Und bei der strengen Couturière Gertrud Höchsmann, in deren Salon die Modistin Adele List direkt auf dem Kopf der Kundinnen aus nassem Material – passend zum Gesicht – Hüte formt. Auch Maria Schell und die Wessely erregen mit den extravaganten List-Hutkreationen Aufsehen.

–

„Ich bin unter den Modeschöpfern ein seltsamer Sonderfall – ich kann nicht einmal einen Knopf annähen.“

–

Der als Wilhelm Alfred Adlmüller in Bayern geborene Sohn eines Gastronomen absolviert zwischen 1923 und 1927 eine Lehre als Koch im Münchner Nobelhotel „Vier Jahreszeiten“, um danach zwei Jahre lang im väterlichen Unternehmen als Koch zu arbeiten. 1930 tritt Fred – das Wilhelm Alfred verdrängt er schon früh – in Wien auf Vermittlung des Kostümbildners Ladislaus Czettel als Herrenmodeverkäufer in das Modehaus Zwieback ein. Danach arbeitet er im exquisiten Modesalon Stone & Blyth. Zunächst in der Filiale in Bad Gastein, ab Herbst im Wiener Stammhaus, dem ehemaligen Palais Esterházy in der Kärntnerstraße. 1933 sorgt Adlmüller als Couturier des Salons Stone & Blyth mit seiner ersten eigenen Kollektion für Furore.

Der ehemalige Koch avanciert mit Geschmack und eiserner Disziplin bald zum gefragten Modeschöpfer der Wiener Gesellschaft, der seine extravaganten Kollektionen regelmäßig auf Modeschauen in Wien und Bad Gastein präsentiert. Ab 1936 ist er auch als Kostümbildner und Ausstatter für Wiener und internationale Bühnen tätig.

Nach dem Anschluss Österreichs werden die Stone-&-Blyth-Eigentümer, das kinderlose Ehepaar Sass, zur Emigration nach London gezwungen und setzen Adlmüller als Geschäftsführer ein, der wegen einer schweren Erkrankung der Einberufung zur Wehrmacht entgeht. Da die Umsatzzahlen kriegsbedingt stagnieren, beginnt er ab 1940 Ausstattungen für Filmproduktionen zu entwerfen – wie für den Willi-Forst-Film „Wiener Mädeln“.

Nach Kriegsende tritt Fred Adlmüller sofort mit den Stone-&-Blyth-Besitzern in Verbindung, bemüht sich um eine korrekte und zügige Abwicklung des Rückstellungsverfahrens. Ignaz und Stefanie Sass kehren nach Wien zurück. Nicht zuletzt durch das Geschick des Geschäftsführers Adlmüller kann ihr Couture-Salon relativ unbeschadet überstehen. Und das jüdische Ehepaar Sass gehört zu den wenigen, die ihren früheren Besitz zumindest teilweise zurückerstattet bekommen. Im Jahr 1950 erfolgt durch Fred Adlmüller die gänzliche Übernahme des Geschäfts gegen Zahlung einer Leibrente an das Ehepaar.

Während der 1970er-Jahre lehrt der von Mode Besessene an der Hochschule für angewandte Kunst in Wien. Adlmüller gilt als der einzige international anerkannte österreichische Modeschöpfer nach dem Zweiten Weltkrieg. Mit seinen extravaganten Abendroben, Entwürfen in höchster Qualität, einer klassisch femininen Linie mit sensibler Farbzusammenstellung sowie der Harmonie von Stoffen, Schmuck und Accessoires in Abstimmung auf die Trägerin: „Jeder Knopf, jede Gürtelschnalle geht durch meine Hände. Ich verkaufe kein Kleid, von dem ich nicht alles bis auf den Reißverschluss kenne."

Mit dem Adlmüller-Stipendium an der Hochschule für angewandte Kunst setzt er sich mit einem Großteil seines Vermögens auch als Mäzen ein Denkmal.

Auf ausschweifenden Festen zelebriert er das Leben. Bis zum Schluss. Wie, bereits sterbenskrank, anlässlich seines 80. Geburtstags im Schloss Schönbrunn. Mit einer monumentalen Modegala und 50 jungen, aus ganz Europa eingeflogenen Stehgeigern, die ihm letzte Glücksmomente bescheren.

LEBENSLINIEN FRED ADLMÜLLER

- 1909 *Geburt.* 16. März in Nürnberg.
- 1933 *Erste Haute-Couture-Kollektion* in Wien.
- 1950 *Übernahme* des Modehauses „Stone & Blyth" in Wien und München.
- 1958 *Weltausstellung in Brüssel.* „Grand Prix" für das schönste Hostessenkostüm.
- 1973 *Leitung* der Mode-Meisterklasse an der Wiener „Angewandten" bis 1979.
- 1989 *Tod.* 26. September in Wien.

MEIN REZEPT FÜR
ECKART WITZIGMANN
2021
P.S. Wiem N.7.&&
P.Sengl 21 P.SENGL 2021

Revolution in den Genuss-Kathedralen

Könige, Künstler und Gourmets aus aller Welt erleben seine kreative Kochkunst: **Eckart Witzigmann**. Vor fast 30 Jahren zum „Koch des Jahrhunderts" gekürt, kämpft er heute für nachhaltige Esskultur und denkt über die Ernährung der Zukunft nach.

„Wir brauchen kein Mineralwasser von den Fidschi-Inseln oder Papageienfische aus der Südsee, wenn vor unserer Tür sauberes Wasser sprudelt und sich wunderbare Flusskrebse tummeln. Früher kämpfte man mit solchen Aussagen gegen Windmühlen. Heute gilt: Marktfrische, regionale Produkte, schonende Zubereitung, die den Eigengeschmack bewahrt, sind wichtiger denn je", bekennt Eckart Witzigmann.

Voller Verve, fast manisch in seiner Perfektion, stürzt sich Eckart, der Sohn eines Schneiders, in das Abenteuer der Haute Cuisine. Im Gasteiner „Hotel Straubinger" absolviert er seine Kochlehre und praktiziert bald als Eleve bei den großen Meistern der Kochkunst. Er schaut sich bei ihnen – wie etwa bei Paul Bocuse in Lyon oder während seiner Lehre bei Paul Haeberlin in Illhaeusern – die Geheimnisse und Techniken ab und notiert nachts die Rezepte penibel in seinem persönlichen Buch der großen Küche. Wie „La mousseline de grenouilles belle alliance". Diese Notizen bilden den Fundus für sein späteres Repertoire.

Jahrelang reist Eckart Witzigmann rastlos und wissbegierig mit zwei Aktenkoffern in der Welt herum, in denen Rezepte aus seiner Zeit bei den großen französischen Köchen festgehalten sind. 1971 erhält er im besten Restaurant von Washington, dem „Jockey Club", das Angebot, Privatkoch der Familie Kennedy zu werden.

Im Alter von 27 Jahren verdient Witzigmann 300 Mark monatlich. Elf Jahre später wird er als erster Koch Deutschlands mit drei Michelin-Sternen ausgezeichnet – ein neues Zeitalter in der Kochgeschichte beginnt: Der Perfektionist in der Küche bricht gastronomische Tabus und lehrt seine Gäste im legendenumwobenen Gourmettempel „Tantris", wie man genießt. Mit besten Zutaten, Einfallsreichtum und seiner Inszenierung der Speisen – jedes Gericht soll auch ein Fest fürs Auge der Hedonisten sein.

Inzwischen ist das Sterne-Restaurant in München wiedereröffnet worden. In Erinnerung an den früheren Maître, der besessen und unerbittlich wie kein anderer einst seine Crew zu Höchstleistungen motiviert. Bei Hitze, Stress und höchster Anspannung kocht man Abend für Abend Kreationen *à la minute*, Küchenschätze für eine verwöhnte, zahlungskräftige Klientel: Austern-Gelee mit Seeigeln, geschnetzelte Gams-Innereien, Hummer-Lasagne mit Trüffeln, Kaviar mit Galette von wildem Reis, Taubenbrust auf Artischocken-Pilzsalat – aber auch Deftiges wie gefüllten Ochsenschwanz, Spanferkel mit Saubohnen oder Topfenknödel mit Herzkirschen.

Bald gehört Eckart Witzigmann neben Bocuse, Girardet, Haeberlin und Troisgros zu den größten Köchen der Welt, die mit der *Nouvelle Cuisine* die Neuerfindung der traditionellen Küche wagen. „Ein Eintopf, eine gute Flasche Wein, zwei, drei Freunde, das ist Glück. Einfachheit ist die wichtigste Zutat für ein gelungenes Menu“, meint Paul Bocuse. Statt schweren „Sättigungsbeilagen“ und Tiefkühlkost wird leichte Küche mit frischen, regionalen Zutaten der Saison geboten.

Die Zeiten der Nouvelle Cuisine mit „Essenz von der Wachtel an Mille-feuilles von Blattsalaten“ und Witzigmann-Klassikern wie „Champagner-Risotto mit Froschschenkeln und weißen Trüffeln“ sind inzwischen vorbei. Witzigmann ist früh dem Slow-Food-Gedanken gefolgt und gibt dem Gemüse einen neuen Stellenwert.

Heute findet man immer mehr vegane, vegetarische Gerichte auf den Speisekarten. In Lima wird 2021 Pía León zur besten Köchin der Welt gekürt. In ihrem Restaurant „Kjolle“ serviert sie Zutaten aus den verschiedenen Ökosystemen Perus: Früchte aus dem Amazonasgebiet, Erdäpfel aus dem Anden-Hochland und Fisch mit Amarant und Baumrinde aus dem Pazifik.

Ein deutscher Gourmetkritiker vergleicht die Qualität des „Kochs des Jahrhunderts“ pathetisch mit der „Kunst von Michelangelo, van Gogh oder Leonard Bernstein“. Die *New York Times* bezeichnet Witzigmann als „Koch der Könige und Götter“, vermutlich auch, weil er Königin Elizabeth II., die Könige von Marokko, Norwegen, Schweden und den Maharadscha von Jaipur mit seinen Kreationen begeistert.

„Die Mutter aller Köche“, wie er von seinen Schülern respektvoll genannt wird, hat nicht nur durch seine Kreationen fasziniert, sondern zielstrebig und konsequent sein Wissen an seine Mitarbeiter weitergegeben, der Begriff des Witzigmann-Schülers ist auch außerhalb der Kochszene zu einem geflügelten Wort geworden. Für Eckart Witzigmann kein Grund, sich auf seinen Lorbeeren auszuruhen, er wurde zu einem der erfolgreichsten Kochbuchautoren der letzten dreißig Jahren.

–

„Eine wirtschaftlich erfolgreiche Spitzenküche bedeutet die Quadratur des Kreises.“

–

Parallel dazu beginnt eine beispiellose Karriere als Berater rund um die Welt: Er konzipiert ein Restaurant und eine Kochschule auf Mallorca – die bereits nach zwei Jahren zu den besten Betrieben auf der Insel gehört – und eröffnet in Tokio ein Restaurant. Nach einer Idee von Dietrich Mateschitz entwickelt er das bis heute einzigartige Konzept für das Restaurant „Ikarus“ im Hangar-7 am Salzburger Flughafen. Bis 2013 unter der Regie des Witzigmann-Schülers Roland Trettl. Später kochen dort im monatlichen Wechsel die kreativsten und besten Küchenchefs aus aller Welt, der Salzburger Hangar-7 gilt inzwischen weltweit als eines der innovativsten Restaurantkonzepte.

In einer Welt, in der rund 800 Millionen unter Hungersnot, aber zwei Milliarden Menschen an Übergewicht leiden, ist die Ernährung eines der wichtigsten Themen der Zeit. Mehr als 70 Prozent der weltweiten Fleischmenge stammt aus industrieller Tierhaltung, der Klimawandel bedroht die globale Nahrungsproduktion, die Verschwendung von Lebensmitteln schockiert nicht nur Weltverbesserer.

Auch Eckart Witzigmann kämpft für nachhaltige Esskultur und denkt über das Ernährungsproblem der Zukunft nach: „Wie werden wir neun Milliarden Menschen satt bekommen? Die Welt spiegelt sich auf den Tellern rund um den Globus wider. Ernährung und Essen werden mehr als je zuvor Diskussionen beherrschen.“

LEBENSLINIEN ECKART WITZIGMANN

- 1941 *Geburt.* 4. Juli in Hohenems.
- 1965 *Erste Annäherung* an die Nouvelle Cuisine im Elsass.
- 1971 *Fulminanter Aufstieg* zum Spitzenkoch im Restaurant „Tantris“.
- 1978 *„Aubergine“.* Erstes eigenes Restaurant in München.
- 1979 *Drei Michelin-Sterne* für das „Aubergine“ als erstes deutsches Restaurant.
- 1994 *Auszeichnung* zum „Koch des Jahrhunderts“ von Gault-Millau.

R
S
W
K
P.SENGL 2021
RUDOLF SALLINGER KÄMPFTE
IM PARLAMENT FÜR DIE WIRT-
SCHAFT
2021
P. S. Wien N.7.32 P. Sengl 21

„Wir wer’n kan Richter brauchen“

Mehr als ein Vierteljahrhundert lang ist Kammerpräsident **Rudolf Sallinger** einer der mächtigsten Politiker des Landes. Mit Anton Benya führt er eine „Schattenregierung“: die Sozialpartnerschaft. Ihre Handschlagqualität garantiert sozialen Frieden.

„Ich kann auch mit einem Lächeln Nein sagen“, ist das Prinzip eines des charismatischsten Politikers der Zweiten Republik.

Der Baumeister und Steinmetzmeister, der bis Dezember 1990 die Bundeskammer der gewerblichen Wirtschaft mehr als ein Vierteljahrhundert als Präsident führt, ist ein harter Verhandler – lässt den Gegner aber immer das Gesicht wahren. Mit Gespür und Unternehmergeist setzt er sich vor allem für die Stärkung des Mittelstands ein. Man nennt den klein gewachsenen, korpulenten Rudolf Sallinger „Kugelblitz“.

Viele Jahre lang personifizieren Rudolf Sallinger und Anton Benya ein österreichisches Unikat. Eine Schattenregierung. Die Sozialpartnerschaft. Mit der Devise „Wir wer’n kan Richter brauchen“ gleicht man massive Interessengegensätze im Dialog aus.

Durch die persönliche Freundschaft der beiden Präsidenten, die auch innerparteilich eine dominierende Stellung haben, erreicht man fast immer einen Kompromiss, der sowohl Arbeitnehmer als auch Arbeitgeber halbwegs zufrieden leben lässt. Hart, aber fair wird bis zum Schluss verhandelt. Die Macht der beiden mächtigen Politiker wird immer vorsichtig eingesetzt. Der soziale Friede ist oberste Prämisse.

Der äußerst populäre gelernte Elektromonteur Anton Benya – der wohl mächtigste ÖGB-Präsident aller Zeiten – schreibt in seinen Memoiren: „Nur eine fette Kuh kann gemolken werden, wer von der Milch am meisten bekommt, das entscheidet das Ringen um die Verteilung. Doch auch bei diesem Kampf muss man bereit sein zu einem Kompromiss.“

Anton Benyas zumindest ebenbürtiger Sozialpartner ist Rudolf Sallinger. Er beschließt mit Benya 1969 die schrittweise Einführung der 40-Stunden-Woche. Damals erlebt die Schattenregierung der beiden ihre Hochblüte. Obwohl nicht durch die Verfassung vorgeschrieben, sind die Sozialpartner in der Budget- und Steuerkommission der Regierung, den Vorständen der Nationalbank und der Verstaatlichten Industrie vertreten.

Benya und Sallinger führen die Sozialpartnerschaft durch mehr als zwei Jahrzehnte. Einmal pro Woche gibt es ein Treffen der beiden Herren, die ein Leben lang per „Sie" bleiben. Pünktlich um 6 Uhr 30, abwechselnd in der Wirtschaftskammer oder im ÖGB. Durch ihre Vereinbarungen wird der Klassenkampf von der Straße in das Verhandlungszimmer verlegt – wie beim drohenden Metallarbeiterstreik im Winter des Jahres 1974.

Die beiden paktfähigen Partner beeinflussen Inflationsraten, Beschäftigungszahlen, die nicht immer friktionsfreien Lohn- und Gehaltsentwicklungen. Ein Handschlag zwischen Anton Benya und Rudolf Sallinger ist damals wichtiger als das Urteil des Obersten Gerichtshofs oder die Intentionen des Bundeskanzlers Bruno Kreisky.
Unermüdlich reist Rudolf Sallinger um die Welt. Obwohl er keine Fremdsprachen beherrscht, empfangen ihn Könige und der japanische Kaiser, 1983 erhält er den „Orden I. Klasse des Heiligen Schatzes Japans".

–

„Ich hab' noch nie Rücksicht genommen – und ich bin 25 Jahre lang gewählt worden."

–

Zurück in Wien findet er dann in seinem Lieblingsrestaurant „Rimini" Entspannung, nahe seinem vom italienischen Schwiegervater ererbten Steinmetzbetriebs in Margareten. Der immer aufgeregte *Padrone* serviert dem braven Esser Sallinger „Pasta e fagioli", „Calamaretti in umido", „Fegato alla veneziana" und als Dessert vielleicht noch ein (halbes) „Tiramisu".

Neben dem Betrieb in der Nikolsdorfer Gasse befindet sich das Wohnhaus der Familie Sallinger. Im rustikal eingerichteten Kellerstüberl finden regelmäßig „Verschwörerrunden" statt, wo mehrmals die Nominierung oder Ablöse eines ÖVP-Obmanns oder -Ministers vorentschieden wird, wie Paul Lendvai, der Publizistik-Doyen des Landes, berichtet.

Ein besonderer Moment in Sallingers internationalen Bestrebungen ist der Auftritt der Spanischen Hofreitschule am 19. November 1982 im Rosengarten des Weißen Hauses: Aus den Händen von Oberbereiter Tschautscher empfängt US-Präsident Ronald Reagan den Lipizzaner-Hengst Maestoso Blanca 76 – ein Geschenk der Republik Österreich.

Die legendäre Geste Rudolf Sallingers gilt auch als Dank für die Rettung der Lipizzaner durch den umstrittenen schillernden General George S. Patton 1945. In Hollywood wird zu Beginn der 1960er-Jahre unter dem Titel „Flucht der weißen Hengste" die Geschichte der Evakuierung der Lipizzaner aus der Spanischen Hofreitschule im Zweiten Weltkrieg verfilmt.

37 Jahre später erregt Kanzler Kurz mit dem 15 000 Euro teuren Lipizzaner-Hengst Neapolitano Theodorosta als Geschenk an den Kronprinzen von Abu Dhabi Aufruhr, es folgen diverse parlamentarische Anfragen von Grünen und SPÖ. Zur Zeit Rudolf Sallingers geht die Geschenkübergabe an den Pferdenarren Reagan völlig reibungslos über die Bühne. Allerdings hätte das in den Lektionen der Hohen Schule ausgebildete Tier bei falschem Schenkeldruck

den US-Präsidenten ungewollt zu kunstvollen, aber nicht ungefährlichen Luftsprüngen veranlassen können …

Rudolf Sallinger gilt als früher Förderer von Helga Rabl-Stadler und als „Königsmacher“ von Erhard Busek und Wolfgang Schüssel.

Paul Lendvai lässt in seinem Buch „Mein Österreich – 50 Jahre hinter den Kulissen der Macht“ Erhard Busek auch anekdotisch über seinen Mentor Rudolf Sallinger zu Wort kommen: „Ich habe mir einmal einen Bart wachsen lassen, er hat gesagt, es gibt zwei Möglichkeiten: ‚Du kannst Generalsekretär sein oder einen Bart haben! Aus.‘ Es gab dann keine Diskussionen. Und auch einen anderen Einwand fand er: ‚Wenn Schüssel was werden will, dann muss er ein bisserl mehr essen, der schaut so schmalpickt aus …‘“

LEBENSLINIEN RUDOLF SALLINGER

- 1916 *Geburt.* 3. September in Lassee/Niederösterreich.
- 1943 *Übernahme* des Steinmetzbetriebes seiner Frau in Wien-Margareten.
- 1953 *Kurator* des Wirtschaftsförderungsinstituts (WIFI) in Wien.
- 1964 *Präsident* der Bundeskammer der gewerblichen Wirtschaft bis 1990.
- 1966 *Obmann* des Österreichischen Wirtschaftsbundes bis 1990.
- 1992 *Tod.* 7. März in Wien.

HERMANN GMEINER WUSSTE
WAS KINDER BRAUCHEN UND
SICH WÜNSCHEN 2021
P.S. Wien N.7.32
P. SENGL 21
P. SENGL 2021

Visionär der Menschlichkeit

Ein Bergbauernbub aus dem Bregenzerwald als Pionier der Kinderbetreuung. Mit den von ihm gegründeten SOS-Kinderdörfern bietet **Hermann Gmeiner** Kindern und Jugendlichen Geborgenheit. Sein markiger Satz „Red's nit, tuat's was" überzeugt weltweit.

Einen Anstieg von fast 50 Prozent bei psychischen Erkrankungen wie Angst, Depressionen und Panikattacken löst die häusliche Isolation bei Kindern während der Pandemie aus. Ein erschreckendes Plus von seelischer Beklommenheit, Ess- und Schlafstörungen, Suizidgedanken dokumentiert die verheerenden Covid-Auswirkungen: Kinder erleben die Zeit des Lockdowns als zutiefst traurig. Ohne Freunde. Ohne Sport. Ohne gemeinsames Lachen.

Wenn das Zuhause durch Extremsituationen zerrüttet ist, wenn Streit, Aggression und Einsamkeit dominieren, wenn Eltern nicht mehr weiterwissen, gibt es für Kinder und Jugendliche einen Ort, wo sie Geborgenheit finden: in den SOS-Kinderdörfern.

Hermann Gmeiner, das sechste von neun Kindern einer Bergbauernfamilie im Bregenzerwald – mit fünf Jahren wird Hermann durch den Tod seiner Mutter Halbwaise –, ist der Initiator eines der größten weltumspannenden Sozialwerke. Der SOS-Kinderdörfer, in denen bis heute rund 600 000 betreute Kinder und Jugendliche Schutz, Geborgenheit und Hoffnung auf eine Zukunft finden.

1949 ist Hermann Gmeiner gerade 30 Jahre alt, engagiert sich in der Jugendfürsorge, studiert dank eines Stipendiums Medizin und will Kinderarzt werden. Doch jeden Tag erlebt er in Tirol bittere Not. Jedes zweite Schulkind hat nicht genug zu essen. Und Gmeiner schockiert das Elend Tausender Kriegswaisen. In Innsbruck gründen in jenem Jahr junge Katholiken den Verein „Societas Socialis", aus dem er sich mit den SOS-Kinderdörfern abspaltet.

Gmeiner gibt all seine Zukunftspläne auf und errichtet 1950 in Imst das erste Kinderdorf, das er zu Beginn selbst leitet. Imst ist die einzige von zehn Gemeinden, die auf seinen Brief reagiert und ein Grundstück zur Verfügung stellt. Das Startkapital für das allererste Kinderdorf beträgt 600 Schilling. Die ersten fünf Waisenkinder beziehen das „Dorf der 70 Kinder" am Weihnachtsabend des Jahres 1950.

Besessen von seiner Idee, verlassenen Kindern ein liebevolles Zuhause zu geben, dem Grundbedürfnis eines jeden Kindes, versteht er zu begeistern. Am Beginn mit einer einfachen Bitte: Nur ein

Schilling im Monat kann für viele Kinder Hoffnung bedeuten. Und das frühe Marketinggenie stellt eine simple Rechnung auf – je mehr Menschen bereit sind, diesen einen Schilling zu spenden, desto mehr Kindern kann geholfen werden.

Und 1963 kommt Gmeiner während eines Besuchs in Seoul auf die Idee, „ein Reiskorn für einen Dollar" zu verkaufen. Schon bald unterstützen viele Menschen die Initiativen des Österreichers. Zwei Jahre später wird das erste nichteuropäische Dorf in Korea gegründet. Bereits 1969 baut Gmeiner während des Vietnamkriegs in einem Vorort von Ho-Chi-Minh-Stadt eines seiner Kinderdörfer. Während der 1970er-Jahre lässt er SOS-Stützpunkte in Lateinamerika und Afrika errichten, auch in Indien für im Exil lebende tibetische Flüchtlingskinder.

In den folgenden Jahren reist der charismatische Gmeiner immer wieder um die Welt, kann Mächtige und Meinungsmacher begeistern. Mit Sätzen wie „Helfen und Lieben ist der reinste Ausdruck menschlicher Vernunft". Und auch der von Indira Gandhi geliehene Satz „Talk less, work more" – beim Bergbauernsohn aus dem Bregenzerwald heißt das dann „Red's nit, tuat's was" – überzeugt viele bedeutende Persönlichkeiten. Der Dalai Lama oder die Friedensnobelpreisträger Anwar as-Sadat und Kofi Annan unterstützen die Idee des Kinderfreundes.

Regelmäßig kehrt Gmeiner, ein zutiefst einsamer Mensch, von seinen Auslandsreisen in sein erstes Kinderdorf zurück. Hier ist er selbst zu Hause. In Imst ist seine Familie, da er nie heiratet oder eigene Kinder hat. Und hier im Kinderdorf Imst wird er auch begraben. Bis zu seinem Tod entstehen in 37 Jahren 233 Kinderdörfer in 85 Ländern.

Doch bereits vor mehr als einem halben Jahrhundert ziehen dunkle Wolken über den Dörfern der Nächstenliebe auf. Es dauert lang, bis Frauen und Männer wagen, über ihre physischen und psychischen Torturen zu sprechen. Deren Erfahrungen von Leid, Unrecht und Gewalt sind auch Teil der Geschichte der SOS-Kinderdörfer. Im Buch „Dem Schweigen verpflichtet" berichtet der Innsbrucker Historiker Horst Schreiber 2014 davon. Und heuer wird bekannt, dass auch in 20 Ländern Afrikas und Asiens Kinder in SOS-Kinderdörfern immer wieder Opfer von Gewalt und massivem Missbrauch werden. Waltraud Klasnic soll mit einer Kommission die Vorwürfe aufarbeiten – SOS-Kinderdorf selbst hat den Skandal publik gemacht.

–

„Alles Große in unserer Welt geschieht nur, weil jemand mehr tut, als er muss."

–

Das Lebenswerk Gmeiners bleibt einzigartig und unangetastet. Trotz seiner Schwächen wie autoritärer Führung oder seiner Weigerung, Kinderdorfmütter pädagogisch zu schulen. Was bleibt, ist sein Credo: „Wir müssen lernen, Menschen, die anders sind als wir, ohne Schrecken, ohne Misstrauen und ohne Vorurteile zu begegnen. Das lernen Kinder leichter als Erwachsene."

Hermann Gmeiner verwirklicht eine ebenso simple wie bahnbrechende Idee: Jedes Kind braucht eine Mutter und wächst – statt in Heimen und Erziehungsanstalten – am natürlichsten mit

Geschwistern in einem eigenen Haus innerhalb einer Dorfgemeinschaft auf. Dieser familienpädagogische Ansatz machte die SOS-Kinderdörfer zu Pionieren der Kinderbetreuung und findet in den folgenden Jahrzehnten weltweit Anerkennung.

Albert Schweitzer bezeichnet die SOS-Kinderdörfer als „freundlichstes Wunder der Nachkriegszeit". Hermann Gmeiner fühlt sich lange Zeit nicht entsprechend anerkannt. Laut *profil* meint er 1983: „Albert Schweitzer hat in Lambarene nur ein Spital errichtet und man hat ihm dafür den Friedensnobelpreis überreicht." Er selbst dagegen sei „für über 200 Kinderdörfer verantwortlich" und bislang bei dieser hohen Auszeichnung leer ausgegangen. Immer wieder wird er für den Preis nominiert – erhält ihn jedoch nie.

LEBENSLINIEN HERMANN GMEINER

- 1919 *Geburt.* 23. Juni in Alberschwende, Vorarlberg.
- 1949 *Gründung* des Vereins „Societas Socialis" – SOS „Save our Souls".
- 1950 *Errichtung* des ersten Kinderdorfs in Imst.
- 1965 *Weltweit.* „SOS-Kinderdorf international" wird gegründet.
- 1986 *Tod.* 26. April in Imst.

© Ela Angerer

Michael Horowitz, geboren 1950 in Wien, ist Fotograf, Journalist, Schriftsteller und Verleger. Er ist Autor von Biografien, u. a. über H. C. Artmann, Leonard Bernstein, Heimito von Doderer und Karl Kraus. Zahlreiche in- und ausländische Auszeichnungen, darunter das Große Ehrenzeichen für Verdienste um die Republik Österreich oder der „Prix de la Jeunesse" bei den Filmfestspielen in Cannes für das „Caracas"-Drehbuch.

© CUV, Amelie Gampenrieder

Peter Sengl, geboren 1945 in Unterbergla/Steiermark, maturierte 1963 in Graz. Danach Studium bis 1968 an der Akademie der bildenden Künste in Wien bei Sergius Pauser. 1971 erhielt er den Kunstpreis Forum Stadtpark, Graz und den Steirischen Kunstpreis. 2007 wurde er mit dem Preis der Stadt Wien ausgezeichnet. Zahlreiche nationale und internationale Einzelausstellungen. Peter Sengl lebt und arbeitet in Wien.